古希腊罗马哲学讲演录

邓晓芒

邓晓芒 著

古希腊罗马哲学讲演录

·赠课堂DVD·

北京联合出版公司
Beijing United Publishing Co.,Ltd.

主讲人：邓晓芒教授

讲座主持人：赵明教授

时间：2006年11月15日—19日

地点：西南政法大学学术报告厅

录音、统筹：蒋海松、郭飞

录音整理：石宁辉、黄涛、宋会峰、黄远志、郭飞、张培、
阮志刚、廖歆颖、曾颉、魏文玉

校对：蒋海松、石宁辉、黄涛、宋会峰、郭飞

《大学入门丛书》

编辑旨意

  大学之道，今非昔比。人类的精神已经三历变迁。上古以来，以物理学为基本，研究事物的本性，追求真理，将人的宗旨，归为独一无二的善。学问通往于至善，固执于本质，直到达尔文进化论出现。今天我们了解，此说虽然不能解释生物进化，但是其所揭示的方法已经成为人类理解的普遍精神。由达尔文思路带来了社会科学的新视角，以人口学为基本，人的存在，社会构成，以及信仰与观念、习俗与行为，其中并无一定而规的理由。差异于种群中出现，变化在遭遇里发生，众生平等，因果繁复，本体难于定论。而如何算计社会现象的变更作用并加以调节，如何观测群体种族之间的差别并做出解释，人的认识又在这些差异和变更中如何发生、演变、成就和相互冲突，皆成为学问的中心。然而到了20世纪70年代，对现代化的反思使人类对理性和语言本身的权力产生警惕和怀疑。话语可能就是暴力，天理迫灭人欲，也拆解和异化人的本身的完整。而现代性的强制和规范，正以统治全球的方式抹煞着文化的差异，忽视个人内在的柔软而脆弱的隐私。以艺术学为基本，揭示个人是独一无二的文化存在，诗的栖居，画的变现，解读一个文本，因人而异；观看一件作品，每次不同；而每个人的知识结构、体认方法、性情禀赋又会随着他的命运和际遇不断变化。学问在作品评论中展示了对真实的独立透悟，在艺术体验时突显出人的独孤的本质和自由的本性。而经济制度、文化都是人的问题，在与个人的关系中具有一一对应、不可重复的艺术学关系。

从物理学到人口学再到艺术学的精神变迁，并不是一一兴替，而是从单一到并列，再到三种同在。精神丰富的同时，认识的方法变得复杂；选择多元之后，学问的信心受到质疑和考验。更何况知识由于互联网的便利，对于每一个人来说，已经多到完全可以遮蔽学习能力和覆盖理解水平的程度，知识成为人类异己的力量。所以，无论是对一位学者，还是对一位学生，在大学之道上，要想洞察宇宙，了悟人生，必须重思门径，梳理思路，概览方法，举一反三，从一个具体的学科入门。这就是大学入门丛书编辑的形势和任务。

大学入门丛书按学科分类，依照目前大学学科的通行的基本分类方法，有自然科学、人文科学、社会科学、文学艺术四类。数学和哲学本来应该别归其类，为简便计，将数学挂在以其为基础的自然科学一类，虽然社会科学用到的数学日益增多。哲学原本在一切分类之上，但是关于哲学历史的学问，讨论哲学观念演变的科目已将哲学学科习惯性地带入了人文学科之中，吾从众。

大学入门丛书约请的作者，一定是在本领域中的专家，并且同时又是对学科整体相当关心的学者。借重他们，把一个专业或其中的一个问题讲述给初学者和非本专业的读者，尽量少用专业性强的术语。每一部书基本上在12-18万字、12-18个章节之间，力图满足三个基本的期待，既让读者了解本专业或者本题目的基础知识框架，又让读者了解此种学术的主要思路和方法，还让读者借助启示，动用参考文献和附录，可以进一步觅得深入学习的途径。

大学之道，古今又是殊途而一致，接引在于入门。虽不敢妄称此丛书可以通达大学之道，然而不肯失责之心，天地可鉴。

目 录

《大学入门丛书》编辑旨意……………………………………… 1

自　序……………………………………………………………… 1

绪　论……………………………………………………………… 1
　　一、缘由及线索　2
　　二、对西方哲学中几个基本问题的介绍　3

第一讲　精神哲学之准备——古希腊自然哲学 ……………… 11
　　一、早期始基哲学　13
　　二、存在哲学（爱利亚学派）　26
　　三、结构性自然观　38

第二讲　古希腊精神哲学的诞生及发展 ……………………… 49
　　一、从自然哲学向精神哲学的过渡　50
　　二、精神哲学的诞生——智者学派的语言哲学　53
　　三、精神哲学的上升阶段——苏格拉底的灵魂哲学　68
　　四、精神哲学的发展之高峰——柏拉图的精神哲学　89

1

第三讲 精神哲学之集大成——亚里士多德形而上学 …… 113
　一、对柏拉图理念论的批判　116
　二、亚里士多德的本体论　124
　三、亚里士多德的目的论　137
　四、亚里士多德的形式逻辑　150

第四讲 古代形而上学的解体……………………………171
　一、伊壁鸠鲁学派：个别自我意识的哲学　173
　二、斯多亚派：普遍自我意识的哲学　180
　三、怀疑论派——否定的自我意识的哲学　186
　四、新柏拉图主义——自我意识的异化　192

自　序

　　大约在30年前，我还在长沙当搬运工，曾经凭着免费登记的一张省图书馆的借书证，借到了北京大学哲学系编的1961年版"西方古典哲学原著选辑"中的《古希腊罗马哲学》卷，一有空闲，我就怀着极大的兴趣，如饥似渴地读起来。那时我就像一个孩子仰望灿烂的星空一样，面对群星闪耀的希腊，感到无限的神秘和敬仰。泰勒斯、阿那克西曼德、赫拉克利特、毕达哥拉斯、巴门尼德，还有苏格拉底、柏拉图、亚里士多德，这一个个掷地有声的名字，组成了一曲规模宏大的"天体的音乐"，令人陶醉和神往。赫拉克利特的"万物皆流，无物长驻"，柏拉图那高雅而机趣横生的"会饮"，亚里士多德穷究"作为有的有"，都给我留下了极其深刻的印象。当时已经二十七八岁的我，为自己没有能够更早地读到这些人类童年时代晶莹剔透的文字而感到深深遗憾，那本来是一个人十四五岁时就应该涉猎的思想启蒙啊！这些文字给一个少年留下了独自一人面对宇宙的个人空间，让他沉思，令他惊异。而中国的少年儿童在那个年代早就被灌满了一脑子的社会责任和人际关系，已经留不下什么个人独处的余地能够让他沉醉于自己的惊奇中了。这本古希腊哲学的启蒙读物给我那一段充当苦力的谋生生活增添了一抹超然世俗之上的精神亮色，使我至今回忆起来都觉得那其实是一段不错的日子。

去年11月，我应邀定期去西南政法大学作学术讲座，主持人赵明教授给我定的题目是"古希腊罗马哲学"。我在数年以前曾经有过一个计划，想写一部大部头的《西方形而上学史》，但只是写完古希腊罗马这一段，就因为忙于别的工作而中途搁笔了，这次讲座正好可以利用原先写就的初稿。西南政法大学的法理学研究所在赵明教授的领导下最近几年颇有活力，在国内法学界造成了不小的影响。他们特别重视高层次的法哲学及一般哲学理论的训练和钻研，所招收的研究生在理论素质和自由钻研精神方面是国内罕见的。我非常赞赏赵教授的这一主张，就是认为中国法学界目前要克服急功近利、临时应付的传统惯性，把自己的重点工作放到提高法学研究的理论水平和逻辑层次上来，这就必须从学习西方哲学最基本的经典著作入手。没有这个基础，从西方引进的任何法学原理都将是逾淮为枳，不但无法应用，甚至无法理解。所以，我曾在2004年到该校给研究生讲授过康德的三大批判，2005年讲授过黑格尔哲学，这两次系列讲座的录音整理稿一个以《康德哲学讲演录》为名由广西师范大学出版社出版（2005年），一年多时间里再版一次、重印五次，发行近两万册；另一个由北京大学出版社以《邓晓芒讲黑格尔》为名被纳入"未名讲坛"丛书出版（2006年），也产生了广泛的影响。现在这本《古希腊罗马哲学讲演录》算是第三本讲演录了。

关于古希腊罗马哲学的教科书和研究著作，目前在国内已出版了不少。除了上面所提到的那本资料选辑很早（50年代）就已经面世之外，近20多年来在系统教材、专题研究、断代研究和个案研究方面，国内学者都颇有创获，其中尤以汪子嵩、范明生、陈村富、姚介厚四位先生所著《希腊哲学史》（四大卷、300余万字，已出三卷）最为壮观。前年由已故罗念生先生所编《古希腊语汉语词典》终于由商务印书馆出版，也给中国人精研这一段哲学史的原始文本提供了基本的条件。但在欣喜之余，我仍然觉得，对于古希腊罗马哲学这样极其有趣的思想财富，还应该有一种比较通俗化的普及读物，让一般爱好哲学的青年学子能够有一个入门之处。上述资料选编虽然在一定意义上也能够起到这种作用，例如我本人就是由此而引起了对于希腊哲学强烈的好奇心的；但如果能够有一本由中国人写的系统介绍希腊哲学的入门书，相信能够吸引更多年轻人来关注西方思想的这个神秘的发源地，即使不是为了将来从事希腊哲学的专门研究，也是为了增加对人类几千年来所积累的精神文化财富的了解，提高自己的一般人文素质。

我觉得，本书也许就有这样一种作用。它不是一本专业性很强的研究专著，而只是一篇针对本科生和非哲学专业研究生的讲演录，它是根据我的另一部尚未完成的专著《西方形而上学史》而给法理学专业的研究生演绎古希腊哲学的较为通俗的讲演，面向的是广大青年哲学爱好者而不是西方哲学的专业人士。我预期的读者效应是，读者把它当作一般的哲学通史（断代史）来阅读，但由于其直接面对听众的讲演性质，它应该比其他专门的哲学史著作更易把握其内在线索，能获得更清晰的哲学历史发展的概念。用它来考研，能够不用死记硬背，而是有一条逻辑思路贯穿其中，读者能够"顺藤摸瓜"地把各种哲学观点和流派看成一根链条上的各个环节，与此同时，也就受到了最初步的严格哲学思维的训练。我的其他两本康德和黑格尔的讲演录就有这种作用，我收到一些考研学生的来信就反映，它们很适合准备西方哲学史的考试，读了以后胸有成竹。当然，书中所提到的一些问题，如果要深入研究和展开论证的话，是足以写成一本大部头的专著的，但本书的意图并不是一本专著性质的研究著作（这方面的工作我将留给我将要完成的《西方形而上学史》来做），而是普及性的，但又有一些启发性的思想火花。所以在本书中我有意突出的只是那些在哲学上能够引发思维的灵性、智慧的机锋的命题和观点，描述其中的起承转合；在语言上则尽可能保持讲演录的临场发挥的现场感和流畅感，不作过多的分析和引证。所以，本书基本上是属于教科书或辅导教材之类的性质，力求做到深入浅出，简明扼要，思路清晰。不过，细心的读者如果有兴趣比较的话，还是可以看出本书的许多观点和提法与一般教科书的传统说法是不太一样的，里面其实渗透了我多年来思考这一段哲学史的个人心得，这些心得我已经在一些公开发表的专题论文中作过论述。所以虽然口头表述的方式比较随意，但里面的内容和观点却并不是漫不经心的信口开河，而是经过深思熟虑的。

最后，我要感谢赵明教授和西南政法大学的那些高效率地整理这些录音的同学们，没有他们的热心组织、全力推动和辛勤劳动，这本书是不可能这么快就问世的。

邓晓芒
2007 年 3 月 11 日
于珞珈山

绪论

一、缘由及线索

这次赵明老师给我命了个题，要我对古希腊罗马哲学作一个大致的介绍。数年以前，我准备写一本《西方形而上学史》，打算从古希腊一直讲到现代，但是至今还是一个计划，唯有希腊部分已经完成了十来万字初稿。这次的讲演就是在那个稿子的基础上稍作整理，给大家作一个关于希腊罗马哲学的大致贯通。

古希腊和罗马的形而上学史有一个非常明显的特点，这就是说它的线索特别的清晰。古希腊哲学可以分为三个阶段：最开始的一段时间是为形而上学作准备的；然后，在柏拉图和亚里士多德那里，尤其是在亚里士多德那里，古希腊的形而上学得以正式建立起来；亚里士多德之后直到罗马哲学，形而上学则处于一个衰亡和解体的过程。我的这次讲演，想着重谈一谈古希腊罗马的形而上学思想是如何发展起来的，也就是说，它是如何酝酿，如何形成，最后又是如何衰落的。这种讲法的背后有一种历史感，有一个主题。希腊哲学有那么多的主题，我们怎么样能够用一个主题将其贯穿起来？这就是西方形而上学思想的形成、鼎盛和衰亡。

二、对西方哲学中几个基本问题的介绍

（一）"哲学"的概念

这个形而上学思想，在它的前期，提供了许多的条件和材料，最早的，也是形而上学思想的核心的东西，就是我们所谓的存在论，ontology，或者也可以翻译为"本体论"。西方的本体论其实可以在古希腊那里找到它的源头。但是在这个本体论或者说存在论定型之前，古希腊人已经做了众多的其他方面的探究和准备性的研究。一个最集中的话题就是西方"哲学"这个概念的形成，这就是所谓的"爱智慧"。在此，我要首先谈一谈"智慧"和"爱智慧"在希腊人那里究竟是怎么一回事。

我们一讲到西方哲学，尤其是希腊哲学，学过一点儿哲学的人都知道，哲学这个概念其实就是"爱智慧"（philosophia），"philo"是爱的意思，"sophia"表达智慧的含义。对它的中文翻译，我们借鉴了日本人的译法，将它翻译为"哲学"。当初在日本也是几经反复，有一段译作"爱知学"，最后才定为"哲学"的。我们则将其与中国古代传统中的"哲人"、"大哲"、"圣哲"这些讲法联系起来，这些人都是智慧之人，"哲学"也就是我们通常所理解的"智慧之学"。但是，对这个"智慧之学"的理解其实不太符合古希腊"爱智慧之学"的内涵，因为当我们说"哲学就是智慧之学"的时候，我们忽略掉了"爱"（philo）。哲学并非仅仅为"智慧之学"，而是"爱智慧之学"，在古希腊那里，

应该这样理解才比较准确。

既然是"爱智慧",那么什么是"智慧"呢?按照亚里士多德的说法,"智慧"在古代希腊有着两种含义:一种是理论的智慧,另一种是实践的智慧。理论的智慧涉及知识,而实践的智慧则涉及技术。当然,这里所谓的"技术"是广义的,既包括人生的技术,也包括政治的技术、与人相处的技术,也包括工匠的技术。但是必须注意到,智慧绝非一般意义上的知识和技术,而是最高层次的,既不能归结为知识,也不能归结为技术,而是智慧本身,它才是最高层次的。所以,在古希腊的早期时代,哲人和智者是受到人们的敬仰的,有智慧的人才能被称为"智者",但是,此后味道就慢慢产生了变化。起初,智者学派使智慧达到顶峰,他们自称为"智者",在他们那里,"智慧"是一个最高的概念;但是接下来这个称呼却为"爱智慧"所取代,人们认为,真正的哲人是爱智慧者而非智慧者。毕达哥拉斯最早提出了"爱智慧"这一概念,到苏格拉底和柏拉图时代得以正式地确立下来。在苏格拉底那里,"智者"成为了一个带有讽刺意味的概念。我们看苏格拉底的对话集,他总是找那些有智慧的人谈话,但是他却发现这些人其实并没有智慧。苏格拉底自称没有什么智慧,不过是"自知其无知"。知道自己的无知,这表明苏格拉底是一个"爱智慧者",而不是一个"智者",真正的智慧是属于神的。所以从苏格拉底之后,"智者"这个词就成了一个贬义词,它被用来指代那些诡辩者和油嘴滑舌的人。真正有智慧的人则被称为"爱智者"。

前面讨论了"智慧",接下来我们看一下"爱"这个概念。在"爱"这个概念上面,体现了希腊哲学家的一种反思精神。他们将智慧归之于神,人不过是一个"爱智慧者"。这表明他们已经意识到了人的智慧的有限性。人的智慧是有限的，因此还不能称为"智者"。人不过是一个"爱智慧者"，这表明人对于自己的认识、对于自己的精神，有着一种反思的精神，既谦虚又不知足，要去追求，追求一个永恒的东西，追求智慧的大全。所以在这个过程中，反思的精神很重要，它体现了人的一种反身性和一种能动性，也就是反过来考察自己：自己作为一个据说是有智慧的人到底有多少智慧？这种反身的能力体现了一种自觉的能力，一种能动性的能力，能够自己考察自己，自己追究自己。所以西方哲学在古希腊那里，尤其是在苏格拉底之后，就形成了一个历程，这就是说，每一代的哲学家对于自己的智慧都不是绝对相信的，都要对其智慧加以考察，都要对智慧加以进一步的追求，真正的智慧存在于彼岸。这在古希腊，无论在苏格拉底那里，还是在柏拉图那里，乃至中世纪，都是如此。在中世纪神学中，智慧乃是上帝的专利。所以上帝禁止亚当和夏娃吃智慧的果子，人没有权利吃智慧之果，否则就犯了罪。人既然吃了智慧果子，就有些像上帝。但是智慧之果毕竟不是人能够吃的，人通过他的罪行触犯了禁忌，所以他们将智慧放在很高的地方，人的有限性是不可能穷尽它们的。

由此导致他们对自己的知识有一种反省，这教导人们，不要以为自己穷尽了一切，不要认为万物都在自己心中，只要"反身而诚"，就能"乐莫大焉"，整个宇宙都在你心中，这样的观念在西方到苏格拉底以后就不这样看了，人是有限的。

前两年国内有人讨论中国哲学的合法性的问题，我认为这是个假问题，因为它首先就没有将"哲学"的概念搞清楚。其实真正的问题应该是：中国"爱智慧学"的合法性问题。因为如果将西方"哲学"的概念还原为西方的"爱智慧"，那么中国是没有的。

中国有智慧、有智者、有贤人、有真人、有智慧之学，但是却并非"爱智慧"。哲人不是爱智慧之人，而是要用自己的智慧去达到别的目的。比如说"治国平天下"，比如说顺从自然的规律、天道，以解除人生的痛苦，都是一些关于人生的很实用的目的。但是对智慧本身，中国人是不爱的，相反还要清除这种爱、清除这种反思，只要有这种反思，就表示你不真诚了。最真诚的人，在中国人眼里是不反思的人，是与天道自然合一的人。中国传统就有这样一些特点，当然我们今天还讲"中国哲学"，乃是在一种很宽泛的意义上。如果将哲学理解为"爱智慧"之学，那中国人当然没有，中国只有"智慧之学"。如果更广泛地扩展一下，哲学不仅是智慧之学，哲学还是聪明之学，或者说哲学还是一般的关于人性或宇宙的高层次思考，那就不光中国有，即便是最原始的民族也都已经有了。因而，如果我们谈中国有没有哲学，那就应该将哲学的概念先限定一下，我们谈的是在哪种意义上的"哲学"。

所以，如果你认为哲学是指西方的"爱智慧"，那中国人是没有的。因此，西方人说中国没有哲学，在这个意义上，西方人并没有说错。但中国人便觉得很丢面子，感觉西方人有哲学，而中国人没有。其实，如果将哲学的概念放大一点，那中国人当然也有啊！"哲"这个概念本来就是中国的概念，它当然可以成为一门学问。以上是我对"智慧"和"爱智慧"的简单讲述。

（二）"形而上学"的概念

第二个要简单介绍一下的概念就是"形而上学"，形而上学这个概念是逐渐形成起来的。"爱智慧"这个概念最开始的时候是无所不包的，虽然它的层次很高，但是它的领域涵盖一切，包括自然哲学，包括心理、精神、灵魂学等所有的在内。直到亚里士多德才区分出来三个层次：一个是数学，一个是物理学，第三个是"第一哲学"，"第一哲学"又被他称之为神学。

"第一哲学"又有一个说法，叫做"物理学之后"，"metaphysics"。"meta"是"在……之后"的意思，"physics"是物理学的意思。也就是说，在数学与物理学之后有一个"第一哲学"，这是后人在整理亚里士多德的文献时，把那些讨论最高层次的问题的稿子归到一起，放在物理学之后编成一册所起的名字，中文译作"形而上学"。这个"之后"虽然是放在后面，但并非不重要，并非其次，而是最高的学问。最高的学问要放到最后讲，这也是反思精神的一种体现。最高的学问只有当你将前面的那些学问都学了之后，才能去追求它，它是超出所有你能够触摸、能够具体把握到的那些知识的，它是一切学问的前提。也就是说，你学数学也好，学物理学也好，所有这些学问的前提其实是形而上学。如果没有形而上学里面讲的那些道理，你是无法去探讨数学和物理学问题的。

所以我们说，在亚里士多德那里，我们可以发现西方哲学里的一种反思的精神，一种颠倒的精神，一种回溯的精神。通俗地说，就是你不但要知其然，还要知其所以然。自然哲学，比如数学和物理学，都是知其然，但是它们何以可能？后来康德哲学就提出了这个数学、自然科学"何以可能"的问题。这就是要追问一个前提，这个前提就是哲学，所以形而上学作为哲学是一切科学的前提。但是，这个前提是通过反思而获得的，而不是说一开始就要求人们清除杂念，将心灵打扫干净，"诚者天之道也"，"反身而诚"就可以把握"天道",这种做法将问题简单化了。形而上学要求先掌握具体知识,比如柏拉图的"学园",一进门就要先学几何学,据说"不学几何学者,不得入内";然后是音乐、体育,再就是物理学、国家学说、政治法律等等;此后不断上升,讲授道德和美的学说;最后才能够教授最高的学问。前面学到的都不能丢,不是要清除掉的东西,而是要经过要掌握的东西,所以这里有一个循序渐进的、科学的模式。

所谓科学就是分科、分层,这是西方科学和西方哲学的特点,中国则在近代以来才引入西方科学。中国过去的科学是不分层的,即便有层次最低和最高的,层次之间也没有截然的划分,而是合一的,所谓"天人合一"嘛!哲学、"形而上者谓之道",但是它就体现在'旧用"之中,也就是日常生活中,体现为为人处世的一些"道理",没有什么玄而又玄的东西。"世事洞明皆学问,人情练达即文章"。所以这种回溯,以及这种关系的"颠倒",先学得的东西被颠倒为在后才能发生的东西,先学的东西都成为结果,后学的东西才是它的原因,这种"颠倒"精神是西方理性精神的实质。西方理性精神实质上是这种颠倒精神,将后来呈现的东西看作是更为根本的、更本原的。以上是对形而上学概念的一个基本介绍。

(三)西方形而上学形成的条件

第三,我想谈谈形而上学的两个基本条件,也就是为什么在西方会产生这种"物理学之后"。

第一个条件就是对于未知事物的一种求知欲。知其然不够,还要知其所以然，也就是说，要问一问"为什么会这样"的问题。这种追求往往出于一种对宇宙的"惊异感"，这种惊异感促使人类去认识宇宙，搞清楚宇宙的秘密，这种惊奇感（惊异感）就是爱智慧的"爱"。对宇宙万物的兴趣，体现为一种追求，就是"爱"。希腊人把这种追求看作人的本性，人就是要追求新奇的东西，追求以前所不知道的东西，他有一种强烈的求知欲和好奇心。能够自由地追求自己的兴趣所指向的对象，是形而上学产生的第一个条件。

第二个条件，就是他们对语言的重视。从古希腊的发展过程中，我们会发现他们的哲学对语言是越来越重视。他们认为在语言与对象之间有一种对应关系，语言中的东西与现实世界中的东西是一一对应的关系，比如说语法、逻辑与世界的现实结构是对应的。在现代哲学中也有很多人主张这种观点，比如说维特根斯坦的图像理论，语言分析哲学认为自己讲的就是客观世界的结构。这种看法的前提是主客二分，即主观拥有的东西在客观方面也有对应的东西，知识就是观念与对象相符合，知识的结构必须符合对象的结构。

于是，对语言、命名及逻辑、语法的重视，加上对未知事物的求知欲（爱），合起来导致了西方古希腊以来哲学的发展。在这个发展历程中，爱是作为一种动力，对语言的重视则使哲学呈现为一种合理的、合乎逻辑的过程。因为需要借助于语言、语法、逻辑来表达世界的结构，"爱"则使这种逻辑结构处于一种"演进"之中。所以后来黑格尔把哲学史看成是范畴的逻辑演进。在古希腊，这种逻辑演进是由希腊人对个体自由、个人兴趣及精神的追求引发的。这种追求是好奇的、求知的、超功利的，除了好奇没有别的目的。这是一种个体自由的追求。同时还有对语言的重视，作为前提，语言被推到了神圣的位置，语言是逻各斯，逻各斯是神圣的，是上帝的话、神的话。把语言抬到这个高度在中国是从来没有过的。

中国的儒家、法家也讲"正名"的学说，对语言也有一定的重视，但这是表面的。正名的目的不是为了"名"本身，不是为了语言，而是为了现实的规范，"正名"是为了"正实"。所以中国人对语言从来不是很重视。但是在古希腊，像后来的海德格尔说的那样，"语言是存在的家"就成了一种固定的思维模式，涉及人的存在，而不仅仅是正名、命名的问题。中国古代正名主要是命名的问题，就是怎么称呼才"名正言顺"。古希腊的语言主要不在于正名，而是着重于语法和逻辑，名词、言辞之间的逻辑关系，还有定义问题。这都是古希腊契约社会的一种体现，古希腊的城邦是建立在契约至上原则之上的，而契约必须要有逻辑，要清楚，不能有歧义。所以语言、逻辑、清楚的概念都是契约社会的一种保证，这说明古希腊人重视语言是与他们的生活息息相关的，他们通过语言、演说来搞政治，通过成文法来规范行为，通过契约来做生意。

所以，以上讲的这两个方面都是我们中国文化里面缺乏的东西，一个就是缺乏求知欲，从小就把孩子的求知欲、好奇心压抑下去，孩子必须按照家长、老师规定好的去做，忽视了人对智慧的爱，智慧成为一种达到别的目的的手段，而爱智慧本身就被看成空泛无用的，落不到实处，这也是中国传统的习惯。另一个是对语言的忽视，在中国传统中，无论是儒家、道家，还是法家都是忽视语言的，更重视的是语言背后的东西，一种内心的体验，而西方人重视的是语言本身。

以上讲的可以算是一个绪论，下面我要讲古希腊早期的自然哲学。

第一讲

精神哲学之准备——古希腊自然哲学

古希腊哲学（"爱智慧"）是从自然哲学开始的，亚里士多德讲到的"物理学之后"才是真正的形而上学，"物理学之后"也就是"自然学之后"。但是在最开始的时候，古希腊人还是从自然学开始入手研究哲学的。"物理学之后"产生于物理学本身之中，古希腊人的物理学已经具有了一种超出自身的倾向，而不仅仅是停留在日常知识或者日常的实用技术上面，这一点是希腊人与所有东方民族的一个根本区别。希腊人在数学、物理学中能搞出一套哲学的东西来，比如说欧几里德的几何是东方所没有搞过的，但它的内容却是从东方来的，在埃及、巴比伦、印度早就有发达的数学，但是这种数学基本上停留在测量术层次上，没有上升到哲学的高度。

在古希腊的科学里面，已经孕育了哲学的层次，包含了自然哲学。但是，"自然"（physics）这个概念不仅仅是指自然界，或者我们现在所说的物理学，也包括心理学（精神科学），最初physics的含义就是一切事物的本性，不仅包括物理事物的自然，也包括精神事物的自然。精神的自然后来从物理学中独立出来，区别于物理学中的自然，是一种精神之学，所以我们可以把精神哲学看成是自然哲学的一个自我否定的过程。自然哲学本来包含精神哲学，但是后来精神哲学从中独立出来，构成了一个更高的阶段，这实质上是由自然哲学的自我否定导致的。所以我们在这里第一讲有关自然哲学，第二讲有关精神哲学。

古希腊自然哲学分成三个阶段：其一是早期的始基学说，关于自然界的"始基"或者本原；其二是爱利亚派的存在哲学，这是承接始基学说来探讨存在的问题，自然哲学就与存在论（本体论）问题或者说形而上学有了相当的关系，后来亚里士多德的本体论也就是存在论；其三是古希腊结构性的自然观，实质上是始基学说与存在哲学结合在一起的结果，形成了一种对自然界的总体的结构观，用结构的方式来理解自然界，已经不再是始基。始基只有一个，一个始基就可以构成整个宇宙；但是到了这个阶段，人类认识到，这个宇宙的复杂性不能靠一个始基来解释，而要用一种结构来解释，这种结构就是存在的结构，其中经过爱利亚派的存在哲学才能走到这一层次。

一、早期始基哲学

在古希腊，"始基"这个概念最早是由阿那克西曼德提出来的，但古希腊第一个哲学家是他的老师泰勒斯。他有一种用一个始基把整个宇宙归总的倾向，有一种宇宙统一的思想，那么早期希腊哲学所要探讨的问题就是：宇宙统一于何处？

古希腊哲学之前，在荷马史诗和赫西俄德的《神谱》中已经包含了这种倾向，比如说赫西俄德的《神谱》，表达了一种系统化的思想。在古希腊有上千个大大小小的神，赫西俄德按照他们的血缘、世袭、代际关系把他们整理出来，用一种逻辑把这些神的家谱清理得条不紊，神与神之间的关系表达得清楚无疑，蕴含了一种大一统、系统化的倾向。在这种排序过程中，有一种明显的自然生殖的线索，这里的神就像人一样，也有生殖能力，这与中国古代的祖先崇拜有一定的类似之处。但在这里生殖和血缘关系事实上已经失去了神圣的意义，只是一种线索而已，生殖往往来自于通奸，父子往往成为敌人。所以说，《神谱》的主要原则不是血缘关系，而是权力或者统治，就像尼采讲的"权力意志"。

建立在权力意志之上的神谱，导致最初的神不是至高无上的神。我们中国人一般认为祖先越古老，就越尊贵，最初的人类始祖是最崇高的，地位随着世系的下降而递减。希腊的神的地位是可变的，最开始是天神乌拉诺斯统治整个宇宙，后来被他的儿子克洛诺斯推翻，阉割并打入地狱，这就带有强烈的侮辱性了（儿子阉割自己的父亲，并打入地狱）。然后克洛诺斯又被他的儿子宙斯推翻，也打入地狱。这就意味着谁要是能占据统治地位，谁就可以为王，所以在《神谱》中以血缘关系为线索，但是已经掺杂了权力意志的因素。

正是在血缘生殖原则迈向权力意志原则的过程中，产生出了希腊哲学。始基的希腊语有两个含义：其一是"开端"的意思，所以我们也可以翻译成"本原"，但这种开端并不是生殖意义上的开端（像老子所说的："一生二，二生三，三生万物"，强调"生"，这是生殖意义上的开端。）；其二是"执政官"的意思，那就是权力意志。"始基"这个概念的提出，表明希腊人已经把立足点转移到权力意志之上了，体现出一种权力、意志，而不是原来的那种血缘关系，西语中有关建筑、建筑术、原创的词（如architecture），都是源于"始基"（arche）这个希腊词。

（一）米利都学派

大家注意，我今天讲的哲学史与以往人们讲的不太一样，我更加重视思想的连贯性。当然也要重视原始材料，不能超出原始材料，但是要挖掘出原始材料中思想的连贯性。就是说，历史上的哲学家都是针对一个哲学思想，在不断地向前推进，按照黑格尔的说法，就是所有的哲学流派都是同一个哲学不断地向前发展和迈进的体现。我和其他人不同的地方就是要把各个哲学家之间的逻辑关系梳理出来。

首先看古希腊的第一个哲学学派——米利都派。米利都学派的根本原则就是无定形。无定形是米利都学派的核心概念，有人翻译成"无限"，但是与现在意义上的"无限"有区别，不是说无边无际，而是无定形，不能用一种东西去限定、规定。

1. 泰勒斯

泰勒斯是米利都学派的第一个代表人物，也是古希腊哲学的创始人，生活于公元前585年前后，他的鼎盛年是公元前585年。他提出万物由水产生，后人将其解释为"万物的始基是水"，他本人并没有提出这样的命题，但是已经有了这个意思。

按照亚里士多德的解释，泰勒斯提出万物是由水产生的，这来自于希腊人的海洋崇拜，即海神夫妇是万物的祖先。祖先的意思包含了一种生殖崇拜，古希腊的第一个哲学家还带有生殖崇拜的痕迹，在一定意义上他也是祖先崇拜的最后的阶段，但是他又是权力意志的第一个阶段，他实际上已经有了摆脱祖先崇拜的倾向。从他对"万物是由水产生的"的解释，我们可以看出他对祖先崇拜的摆脱，他不是用形象的语言描述海神生出了万物，而是通过观察、一种经验的观察来说明。他说万物都是以湿的东西为养料，水是潮湿本性的来源，万物都是在潮湿的地方生长出来的。如果没有水，干旱了，那么万物就不能生长。也就是说，他是对经验加以反思，直接就得出了万物由水而来。他不是从神话中来。当然他背后有这个意思，水是"神圣的"，但是他的解释不是这样的，他是对经验的水加以反思才得出了他的命题。

再进一步反思，就是水怎样具有滋养万物的能力。他的解释是因为水最能够形成各种不同的事物，可以经受住各种不同的变化。就是说万物是多种多样的，能变化的，但水是最能变化的。水无形，你把它装在什么容器里面，它就是什么形状，这就是无定形，当然无定形这个概念是由他的弟子后来才提出来，但是他已经有这个意思在里面。泰勒斯选择水作为万物的始基，就是因为水的无定形，它可以变成万物。金属、木头、石头、泥巴等等都不行，因为这些都有着固定的形状。泰勒斯学说就这样提出来了，他用水作为无定形的代表。

2. 阿那克西曼德

阿那克西曼德（前611—前546年），是泰勒斯的学生，米利都学派三个代表人物之一。他在西方哲学史上的功劳，就是提出了"万物的始基是无定形"，凡是无定形的东西都是万物的始基。这样就点出了泰勒斯的"水"的本质，即之所以选择水作为万物的本原，就是因为水是无定形的，于是阿那克西曼德才提出：无定形才是万物的本原。

但无定形的东西不仅仅是水，还有气、火之类，他没有说得很明确。但这里他的说法已经和老师的说法有点儿不一样了，就是说既然泰勒斯把水当作万物的本原，是由于水的无定形的本性，那何不直接把无定形当作万物的本原？这也就更加深入到了事物的本质。一切无定形之物都是万物的始基，"无定形"和"始基"

这两个概念都是阿那克西曼德提出来的。

他给始基加以规定就是，"万物由之产生的东西，万物消灭又复归于它。"所以始基具有唯一性，但无定形的东西又具有多样性，那么它的唯一性和多样性如何统一？阿那克西曼德就提出，各种无定形者都是从一个唯一的"混沌"中分化出来的，唯一的本原其实是各种无定形的混沌体。水也好，火也好，气也好，首先都是作为一个无定形的混沌体，成为万物的本原，然后才分化出来各种不定形的东西，再从各种无定形的东西中形成万物。他认为这种"分离"就是产生，从一个混沌体中分离出来就是产生出来，体现为各种分离的对立的东西，比如说冷和热、干和湿，这是后来产生出来的，这才有了定形。

阿那克西曼德的贡献一个是提出了无定形，再一个就是提出了始基的概念，在这里始基的概念不再具有生殖崇拜的含义，它既是开端、开始的概念，又是"执政官"这样一个概念，一种统治的概念。

3. 阿那克西美尼

阿那克西美尼（前586—前526年），是阿那克西曼德的学生，他对无定形学说作了进一步的推进。泰勒斯认为水是万物的本原，这个水是单一的东西；阿那克西曼德提出无定形之物是一个多样的东西，最后混合成混沌；阿那克西美尼既要强调多样的统一性，同时又要强调单一性，就是说你又要统一万物但又要是一个能拿得出来的单一的、具体的东西，不能说凡是无定形的东西都是本原，因为那就有很多很多本原了。你把它看成一个混沌，那也只是个杂乱无章的集合体，所以阿那克西美尼提出万物的起源应该是气。

这个和泰勒斯有一点儿类似，泰勒斯的水与阿那克西美尼的

17

气都是无定形的东西，都是用来作为万物的本原，而且理由好像都是一样的，感觉阿那克西美尼对泰勒斯没有多大的发展。但实际上有，因为在当时人们眼光中的万事万物里面，气是最不定形的。但水你不能说它是最不定形的，水只能往低处流，你还可以把握到它，你还可以感觉到它，气有时候是感觉不到的，看不见摸不着，而且它和人的精神有很大相通，一个人活得有生气，我们也把它看成一种气。灵魂有时候我们也把它看成一种气，所以在自然万物里面气是最不定形的。

他从诸多不定形里面选出了气作为一个代表，这一步是很重要的，这就使无定形之物变得具体化了，按照黑格尔的说法就是多样的统一，既有统一的普遍性又有单一性，这样规定多样性就是具体的规定性。万物都是由气来的，但是气本身又是一个东西，又有单一性，所以他是前两位哲学家的"合题"。泰勒斯可以说是"正题"，阿那克西曼德可以说是"反题"，阿那克西美尼可以说是"合题"了，他把前两者都综合起来了。

这种最不定形的东西就体现一种力量、一种权力意志，就是说这种不定形之物形成万物是靠两方面的力量形成的：一方面是凝聚，一方面是扩散。他用这种方式来解释万物的形成，不是用生殖，而是靠一种力量，凝聚即吸引力，扩散即排斥力。通过凝聚与扩散、排斥与吸引这两种力量构成了万物，他已经是一种物理学的解释，当然这种物理学用力的方面来解释，也体现出一种权力的作用方式。西方的物理学背后其实都有权力意志的影子。

两种力量形成了万物，这个时候就提出问题了，就是这种力量本身从何而来？无定形的东西形成了万物，那么是谁给无定形的东西来"定形"的呢？无定形的东西它自己不能形成万事万物，水也好，气也罢，因为力量都不是出自它内部。气是被风吹着跑的，气流是被动的，你朝它吹口气它就被你吹跑了；你朝它扇扇子，它就被你赶跑了，所以气它是被动的。你说气形成了万物，但问题在于这种形成的力量从何而来。你不能解决运动的来源问题、力量的来源问题，那么你还是不能解释万物的成因。一个东西形成万物，万物又复归于它，那么如何复归？如何形成？力量何来？谁使它们成形？

这个问题就是动力源的问题。于是就有两个解决方案：一个是转换立场，抛弃无定形的立场，万物本来就是有定形的。以前都是为它找到一个无定形的来源，无定形的本原，这就面临着动力源的问题，那么现在我抛弃无定形，把立场转移到有定形上面，万物本来就是有定形的，这个问题就不存在了。另外一个解决方案，就是使无定形与有定形统一起来，无定形本身就是一种有定形，这样一种方案也可以把这样的问题解决掉，万物的动力不是来源于外部，而是来自于无定形物之内，定形就在无定形之中。这两种解决方案，第一种是毕达哥拉斯的立场，第二种是赫拉克利特的立场。

（二）毕达哥拉斯学派

毕达哥拉斯（前570—前500年）提出"有定形"才是万物的本原，认为数是有定形的，所以数是万物的本原。毕达哥拉斯的这样一种立场是比较容易能够想到的一种立场。他提出的是上面两种解决方案中的一种，就是不以无定形为基点，这就不用解决动力源的问题了，万物一开始就是有定形的，不是什么东西把它们造成有定形的。这个有定形的本原就是"数"，数是万物的本原，万物都是由数来定形。那么毕达哥拉斯遇到的问题是：怎么来解释万物的变化、无定形？万物的本原就是有定形的，那如何解释无定形，这就是他面对的问题。你把立场转过来，从无定形转到有定形，那么你的问题就是如何解释无定形的东西。毕达哥拉斯认为运动、变化和不定形都不具真实性，那是感性的，它是变幻不实的，但是数是超感官的事物，超感官的才是万物的本原，数才是不变的、永恒的。一切感性的、变化的无定形后面都有抽象的有定形的数，比如说后来毕达哥拉斯学派提出十个对子：有定形与无定形、奇数与偶数、一和多、右和左、雄和雌、静和动、直和曲、明和暗、善和恶、正方和长方等等。这十个对子，每一个前者都是本质的，前者都是处于高位的，后者都是处于低位的。它们的尊卑关系，有点儿像我们中国人讲的"天尊地卑"，在毕达哥拉斯那里是固定了的。

　　接下来的问题就是，数如何创生万物？毕达哥拉斯有他自己的解释，就是说数最初是一，一是最初基本的数，单位嘛。你要讲数最初就要讲单位，一它已经是超越万物的了，你可以说一棵树、一座山、一头牛，你都可以说。但作为一本身来说，你可以说它是万物的来源，从一产生出二，他的那些对子都有着这样的关系。一和二的关系，也就是一和多的关系，所以多就是二，一和万物的关系就体现出从一产生出二，从二就产生出数。一还很难说是数，它是一个单位，一是数的单位。但到了二就有数了，因为这就有了关系，二就是一和一的关系，这就开始产生出数来了。有了数就有了点，每个数都体现为它的某一点，这个点是数学上抽象的点，它是没有面积、没有体积的。从点产生了线，从线产生出面，从面产生出体，从各种各样的体产生出四大元素：水、火、土、气，从四大元素产生出宇宙万物。这是一种数学兼物理学的解释，对万物的产生、自然界的产生有一种数学和物理学的解释。

但是这种解释也涉及精神的事务，比如说理性和善，他认为这两者就是一，一是理性和善的象征。意见和恶就是二，二就是意见，意见不统一，你有不同的意见；恶也是这样，恶就是分裂。三代表全体；四和九代表正义，因为这是平衡：二二得四，三三得九，都是平衡的，代表正义；五代表婚姻——它是第一个偶数和第一个奇数的结合；六代表生命，十代表完满等等。精神的事物他都归结为一种数的关系。他把万物都归结为数，这是当时很了不起的一个观点。

万物都是由数所构成，而且他试图要说明如何由数具体地构成万物，比如说天体运行，他就找出来天体运行的数学关系。他也认为音乐可以归结为数的关系，在美学上形成毕达哥拉斯的音乐理论，就是音乐的音调高低取决于弦的长度和粗细，这些东西的数学关系决定了音调的高低。他把这样一种音乐理论扩展到宇宙中去，整个天体都是在按照距离远近和质量大小奏响着一种和谐的音乐。由于他这种用数学来解释一切的观点，有人把他称之为现代科技之父。西方的科学技术无非一个是数学、一个是物理学，而且这个物理学是从数学发展来的。所以我们今天发展出电脑，我们现在是数字化的时代，数字可以解决一切问题，电脑、数码相机、数码电视都可以还原为数的关系。从这个角度来讲，毕达哥拉斯很了不起。

但是他有他的矛盾，他的矛盾就在于如何解释运动。你把运动当作意见，把变化当作意见，但是我们毕竟看到这些变化，感到这些变化，你把感性世界全部撇开，那也不行。你还得反过来用你的这样一套抽象理论来解释我们这样一个大千世界。数本身是静止的，是不运动的，是有定形的；而大千世界是运动的，是变化的，是无定形的，你如何来解释。所以，赫拉克利特就出来在这方面对他加以修正。

（三）赫拉克利特

　　赫拉克利特比毕达哥拉斯稍微要年轻一点儿，他生活在公元前540年到公元前480年。赫拉克利特的贡献，一个是提出来了自我定形的火，火的概念。在万物之中，水、火、土、气，赫拉克利特抓住了火这一个元素来作为他的万物的始基。他说水也好，气也好，其他无定形的东西也好，都不能解释运动，不能解释动力源。而火可以，火本身就是能动的。所以，他的功劳一个是提出了自我定形的火，另外一个是提出了逻各斯的概念，逻各斯就是尺度的概念。

　　我们现在来看看。赫拉克利特和毕达哥拉斯相比，他重返无定形的感性自然界，重新回到了无定形。这个是对毕达哥拉斯的一个反动。但是他跟米利都学派又不一样，他找到了一种自我定形的元素，就是火。这个火也是无定形的，火不断地飘忽不定，你能够给火定形吗？你把火装到瓶子里它就灭了。你不能够把火变成一个你想给它的形状，它自己不断地飘忽，不断地变形。但是这个不断的变形又是有它自己的定形的。它不像水和气，水和气你都可以把它装在瓶子里头，装在气球里头，你给它什么形状，是方的就是方的，是圆的就是圆的。但是火不行，你不能给火定一个方的形状或者圆的形状，所以它是自我定形的元素，自己给自己定形的元素。自我定形就意味着它既是无定形的，又是有定形的。它既是无定形的，它没有你所给予它的形状，但是它有自己给自己定的形状，它可以形成火舌、火苗、火花，可以形成自己的形状，它愿意怎么样就怎么样。所以它是带有一种主动性的，不能够外在地强加于它任何规定。但是它有自己的内在的尺度，有它的分寸。所以他讲，整个宇宙是一场大火，是一场"永恒的活火"。注意这个"活火"，里面有生命的原则在里头，生命跟火在古希腊人看来是非常接近的。有生命的原则，它是活的，活的你就不能给它装在一个框子里头，你就不能给它带上镣铐，否则就会固定在一个形状上，它就会死。

同时，他还说火"按照一定的尺度燃烧，按照一定的尺度熄灭"。按照一定的尺度燃烧和熄灭，或者说按照一定的分寸，"在一定的分寸上燃烧，在一定的分寸上熄灭"。这是他的一个很著名的名言，这样一来就第一次解决了万物的动因问题，动力源的问题。动力源就在自然，就在自然的本原里面，那就是火。火它本身就是自动的，它不由外物所推动，它是能动的。所以"一切皆流，无物常驻"，一切都在流动——"万物皆流"；没有什么东西是不变的——"无物常驻"。一切皆流是它自己在流，不是你赶着它流，只有火才能做得到这样，火流才是这样。水流不是的，水流它是从高到低嘛，它只能从高到低，它不能从低到高。但是火是既可能从高到低，也可能从低到高，所以"无物常驻"，这也是他的名言。那么这个燃烧的"尺度"就是他提出的逻各斯，这是他的第二个贡献。

他提出的"逻各斯"这个概念，本来就是语言的概念，即"说话"、"话语"。海德格尔说它本来的意思就是"表述"。但是正因为在古希腊，人们说话是要负责的，所以这个话语又包含有规律、法则的意思。古希腊是契约社会，你说话要负责啊。你现在签了一个契约，你说话不算话，那是不行的，那要受到法律的惩罚，所以它又包含有规律的意思。那么这个规律也就是尺度。这个尺度跟毕达哥拉斯所讲的量的尺度还不一样，毕达哥拉斯提出数，已经有一个尺度了，数已经是尺度了，已经是万物尺度了，但仅仅在量的方面加以衡量，多和少，一和多，在这方面衡量。而赫拉克利特的这个尺度它是质的尺度，它是着眼于质，着眼于不同的东西，甚至相反的东西，在质上面相反的东西。量我们知道无所谓相反和不相反，质就有相反或者是对立，或者是矛盾，相反的质统一为一个新的质。有了逻各斯这样一个尺度，我们就可以把相反的东西统一起来，统一为一个新的尺度。在毕达哥拉斯那里他只提出了十个对子，他只看到了对立，而且对立是僵化的，天尊地卑，万古不变的。而在赫拉克利特这里，对立成为了矛盾，甚至成为了自相矛盾。

赫拉克利特有很多的话你要是从逻辑的眼光来看，它是自相矛盾的，但是他就是故意要这样说。比如说最高的矛盾，赫拉克利特已经提出来了，那就是存在和非存在，是最基本的矛盾。存在的概念也首次进入到了哲学，当然赫拉克利特还没有很自觉地意识到这一点，他是这样说的："人不能两次踏进同一条河流，我们走下而又不走下同一条河，我们存在而又不存在。"这是第一次出现——当然这是就残篇来说，历史上究竟是不是第一次我们无法断言——把存在这个概念纳入到了作为哲学的概念中，当然是不自觉的，他还没有意识到它的巨大意义，但是他已经说了"我们存在而又不存在"。我们存在和不存在是同一的，都是我们嘛，我们既存在又非存在。这引起了后世一连串不知道多少的争论，并由此催生了后来的存在哲学和形而上学，直到亚里士多德的形而上学。

的,"第一义不可说",禅宗认为,"才说一物便不是"。随便你讲佛是什么东西,你一说,就不是了;只有你不说,他才在那里。基督教里面也有"否定神学",就是对于神,你是不能用任何东西来说他的,你只能说他不是什么,而不能说他是什么。很多人把基督教的这种思想追溯到塞诺芬尼,神是一,也是一种否定。但神又是永恒不变的,你用来规定他的任何东西都是变化的,都是运动的,都是时间不长的,只有神本身永恒的意义是不变的,这些都是真理。

但在另一方面,他也承认意见也有其一定的价值。关于自然界,我们也可能获得一些意见,比如他就提出万物的本原或者万物的始基是土,古希腊公认的四大元素是水、火、土和气,土也被塞诺芬尼称作一个始基。但是这里已经失去了它最高哲学的含义了,只是一种意见,因此被排除出了哲学的对象。真正的爱智慧是不探讨这个意见的,是不探讨自然的学问的,所以他的哲学的真正对象就是这个一,就是这个概念。

可是我们来看,如果在哲学上仅仅提出一个范畴,比如一,它还不能形成一个哲学的命题。神是一,这不是一个哲学命题,这是用哲学的范畴来规定一个神学的命题。那么要形成一个哲学的命题,就必须要有两个哲学范畴,要把神学的东西排除出去,这就是爱利亚派的第二个代表人物巴门尼德所做的工作。

(二)巴门尼德

巴门尼德生活于公元前500年左右,是塞诺芬尼的学生,他的功绩在于提出了"存在"的概念。他首次正式提出了存在的概念。赫拉克利特已经提出了存在的概念,但是他却把这个概念放过去了,他没有意识到"存在与非存在是同一的"这个命题的意义有多么重大,而只是在谈到"我们走下而又不走下同一条河"这个形象的例子时顺便提到"我们存在而又不存在"。巴门尼德则抓住这样一个存在的概念大做文章,但是巴门尼德做的这个文章还是以逻各斯为线索,也就意味着按照逻各斯提供的线索去探讨存在的真理。这是巴门尼德的一个推理。

当然,他的逻各斯和赫拉克利特的逻各斯已经有所不同了,逻各斯的内容已经不同了,它不再仅仅是一种尺度,用来衡量感性世界自然万物的尺度,而是本身就成为一个本体。通过逻各斯作为一个线索,抓住存在,并且他强调的是存在与非存在的对立。在他看来,存在与非存在其实是一个最高的对立。按照逻各斯的这样一种思想,我们很容易发现,存在不是非存在,存在是有定形的,而非存在是不定形的,有定形和无定形怎么能混淆呢?而且,这种对立是最高的。这是一个很重要的东西,赫拉克利特虽然已经讲到了存在与非存在,但是没有把最高命题提出来,巴门尼德把存在与非存在的对立视为最高的对立。

沿着逻各斯提供的线索,用他诗意的语言来讲就是,女神凭借着逻各斯告诉他一条真理之路——存在是存在的,不可能不存在,这就是通往真理的可靠途径。存在是存在的,非存在则不存在,非存在是没有的,所有的东西都是存在的。有些人把它翻译为"是就是,不是就不是",当然也可以,也有这个意思在里头。是就是,不是就不是,这是一条逻辑原理,也是一条逻各斯的原理。为什么说有逻各斯这条线索呢?因为"存在"这个词,本来就是语法方面的系词,是逻辑中一个有着重要意义的词,就是"是"。我们把它翻译成"存在",其实在希腊原文里面是"oν","ontology"

就是存在论。任何一个命题里面，"A是B"，中间这个"是"，你总可以找到。有些命题不是以"是"命题出现的，但是你可以把它还原为"是"命题。所以，"是"在逻辑上很重要，你离不开这个东西，这也是语言中、说话中一个核心的词语。这个就是我们讲的，他以逻各斯为线索，以语言为线索，抓住了存在与非存在的最高对立。

存在就是存在的，或者说"是就是，不是就不是"，在我们中国人听起来好像是句废话，什么也没说。是就是，谁不知道？但是实际上是很难的，在那个时候要提出"是就是，不是就不是"，要严格按照形式逻辑的同一律和不矛盾律来说话，那是很难的。中国人往往把这个东西打破，不说这个东西。在中国人这里，是与不是中间，有很多很多非逻辑的因素在起作用。因此，我们中国人的习惯反而是："说你是，你就是，不是也是；说你不是，你就不是，是也不是"，把权力的因素、政治的因素加进来了，"是不是"要看是谁在"说"。巴门尼德的命题是一个哲学命题，不管是谁说，是就是，不是就不是，这是很了不起的，在中国是要杀头的。皇帝要你"指鹿为马"，你说不是，那还行？在希腊，当时巴门尼德提出这个命题没有杀头的危险，但是也很了不起。他能把希腊哲学中的逻各斯固定在这样一个命题上面，作为以后一切论证、一切论辩、一切讨论问题的基本原则，奠定了基础。西方形而上学就是这样发展出来的，这是一条真理的道路。

那么另外一条道路就是意见之路。意见之路是什么呢？"存在是不存在的，非存在必然存在"。这就是赫拉克利特的说法，存在和非存在是同一的嘛。但是在巴门尼德看来，这是"什么也学不到的"，这只是意见。为什么是意见？他有他的说明。他说，"因为你既不能认识非存在，也不能够将它说出来"。非存在的东西，你怎么能够去认识它？它本来就没有，你如何去认识它？或者说，即便你认识它，你怎么把它说出来？巴门尼德很强调这个"说"出来，这是古希腊人的特点。你认识到它你也不能把它说出来，不能说出来就是没意义的。这个恰恰和我们中国人截然相反，中国人讲究"言不尽意"，"意在言外"，没有说出来的才是真正有意义的。中国人认为，凡是说出来都是假的，都是不可信的，听其言要观其行，言语这个东西都是不可靠的，名实关系，实是最重要的，名只是一个名称而已。但是巴门尼德认为，如果有一个东西，你能够认识到，而你又不能把它说出来，那就没有理由和意义。后来还有人强调这一点，后面我们还会讲到高尔吉亚的三个命题：无物存在；即使有物存在，你也不能认识；即使能够认识，你也不能把它说出来。我还可以加上一句：即使你将它说出来，别人也不理解。这是西方人的特点，他们重视怎么说。

巴门尼德说，"能够被表述、被思想的必定存在"。这也是一个很重要的命题。能够被表述的，就是能够被思想的，如果不能说，你就不能去思想它。能够被表述的，能够被思想的，必然存在。所以，思维和存在是同一的，这也是巴门尼德的一个重要命题。我们经常把它等同于现在经常说的"思维与存在的同一性"这样一个问题，其实在当时还没有这样的含义，在当时只是一个朴素的含义。思维和存在是同一的，同一于什么呢？同一于说，同一于逻各斯。思维和存在同一于逻各斯，因为有逻各斯，思维和存在才是同一的。思维就是能够说出来的嘛！存在也是能够说出来的，而能够说出来的，就是能够思维的。所以，能够被思维的，就是合乎逻各斯的，就是存在的，是在这个地方同一的。

那么这个"存在",他把它抽出来作为一个最高的范畴,它有什么特点呢?在这方面,他吸收了塞诺芬尼的很多思想,他是塞诺芬尼的弟子嘛。也就是说,存在的一个特点是不变的、永恒的、单一的,存在是一,那么这个一是完整的,最高的一当然是完整的。但是,他也有和塞诺芬尼不同的地方,他有新创见,他的新创见最重要的一条就是存在是"不可分"的。存在是"充实的",充实也就是不可分的,因为充实就意味着中间没有间隙嘛,没有空档,针插不进水泼不进,那就是不可分的。存在是"连续的",也是这个意思,中间没有断裂,你不能把它断开。当然,在巴门尼德看来,存在还有其他的一些特点,比如说是圆形的,是一个球体。这只能说是一种形象的说法,比如中心和边缘是等距离的;再一个特点是,存在是有限的,既然是球体,那球体总要有其边界。整个宇宙就是个球体,是有限的。这个有限已经不只是有定形的意思,里面还多了有边界这个意思。不光是有规定的意思,而且是有边界的。存在是有限的,对于非存在,你可以说它是无限的,无定形的,但那就不能认识,而不能认识,也就不是真理,只是意见。

但这里也面临一个问题,就是后人提出的一个问题,也是巴门尼德的一个根本性的问题。这个问题就是,为什么存在,而不是不存在?你提出存在是第一义的,但是为什么?你为什么就不能设想,一个世界是根本不存在的?我们所看到的这个宇宙、这个世界根本不存在,这在逻辑上是完全不矛盾的。我也可以按照形式逻辑的同一律来说它,就是没有这个世界,什么都没有,一直没有。但是居然就有了,这是为什么?当然这话可能听起来很愚蠢,有了就有了,还要问为什么吗?但是问题实际上很深。就是你要说到最后,就要说到这个问题,就是这个事情为什么存在。

基督教将其解释为是上帝的善意，存在比不存在要好，于是上帝就创造了这个世界。这个观点最初是莱布尼茨提出来的，莱布尼茨的乐观主义认为，上帝是全知、全善，上帝运用他的自由意志，认为存在比不存在要好，所以他就创造了存在。但是莱布尼茨也提出这个问题，他用这个问题来引出他的论证，就是说，为什么居然就存在了，而不是一无所有？本来这个世界完全可能一无所有，我们今天说话都不存在，但是我们今天确实在这里说话，为什么？海德格尔后来提出这个问题，认为是"形而上学的最高问题"，他在《形而上学导论》里面特别提出这个问题。当然海德格尔也没能解决这个问题，他只是认为这个问题最高。

在巴门尼德这里，这个问题导致了进一步的发展，当然他有可能还没有明确意识到，但是他毕竟知道，存在是他独断地设定下来的。存在是最高原理，是整个宇宙的最高原理，但是你有什么理由？这个理由他提不出来。所以后来的发展有两个方向：一个是芝诺的方向，他是巴门尼德的弟子，他采用一种论证的方法叫归谬法，就是说，对于为什么是存在而非不存在这个问题，我不跟你正面回答，我从反面来回答，我从归谬法来回答。就是说，如果不存在的话，那将会怎么样。如果不存在将会不符合逻各斯，这样就捍卫了巴门尼德的学说。学生捍卫老师的学说，是通过归谬法，这是一条道路。另一条道路就是把存在与非存在结合为一，存在里面就有非存在，非存在也是存在着的，那就不存在"为什么存在而不是不存在"这个问题了。存在与非存在都在这里了，既有存在也有不存在，你就不用问这个问题了。这是后来的德谟克利特所做的工作，当然，他走这条路经过了一些阶段，像恩培多克勒、阿那克萨戈拉，一直到德谟克利特，他们的方式就是把存在与非存在结合起来。

（三）芝诺

我们先看看芝诺，他生活在公元前 490 年到公元前 430 年，芝诺的贡献就是刚才讲的归谬法，归谬法就是矛盾法，就是利用矛盾来进行论证。你提出的正面的命题无法从正面加以证明，为什么存在，存在已经是最高命题了，你凭什么来证明存在呢？你要是能证明存在，那存在就不是最高命题了，成第二个命题了。不能证明，但是可以反证，就是说如果非存在的话怎么样？我从这方面来证明，它证明反命题的矛盾，那正面的命题就不言自明了。

那么这个反证法主要集中于两个问题上面。一个问题就是证明存在是静止的。存在和静止在巴门尼德那里是同一个命题，存在的一个很重要的特点就是静止，它是不运动的，它一运动就是非存在了。所以非存在是解释运动的。他要证明这个静止就是要反对运动，他把运动驳倒了就把非存在驳倒了，就把存在证明了，这是一方面。再一个就是对"一"和"多"，存在是一而不是多。他证明了"多"是不可能的，那么也就证明了只有"一"是可能的，"一"是必然的，也就证明了存在是必然的，因为"一"也是存在的一个根本性质。

首先我们看看对"多"的反驳。他说如果"多"的话，事物或者将变成零，或者将变成无限大。为什么这样呢？因为只有两种可能：其一，如果每个事物没有任何大小的话，那么不管有多么多的事物，它的总和都是零，因为没有大小的东西是等于零的，你把无数个等于零的东西，"多"加起来，它们的总和仍然是零；其二，如果每个事物总有一定大小的话，它的总和将导致无限大。多个构成物，哪怕每个构成物是一丁点儿，但总和起来，因为它可以无限地"多"下去，就会导致无限大。而在这两种情况下，都必然会导致非存在，因为：首先，事物变成零，就等于非存在；其次，如果事物是无限大，也会导致事物变成零、变成非存在。这个地方他又转了个弯，为什么无限大的东西也会变成零呢？因为无限大的东西，也就意味着你从它里面减去任何一部分都等于没有减，因为它是无限大嘛；减去任何一部分等于没有减，那么就等于减去零了，那么它的每一部分在这种意义上都相当于零，零的总和也等于零。既然在两种可能的情况下存在都会变成非存在，而这是不可能的，所以存在不可能是多，只能是一。这是他的一种说法，当然我们说他是诡辩了，再加上当时对极限的概念还没有形成，把极限等于零，接近无限小等于零，有很多毛病。但是他这里提出了一种论证的方式，就是说先设定只有两种可能性，这两种可能性每一种都将导致零，都将导致非存在，是不可理解的，由此证明只有原来的解释是正确的。这是很精致的。

第二个是对运动的反驳，从而证明存在是静止的。第一个证明存在是"一"不是"多"，第二个证明存在是静止的而不是运动的。对运动的反驳有四个论证，这个大家可能比较了解。一个是"二分法"的论证，即运动的物体到某处之前必须先达到一半，达到一半呢又必须先达到一半的一半，如此推论下去呢，它永远也不能开始，永远运动不起来。第二个跟这个是一样的，就是"阿基里斯追不上乌龟"。阿基里斯是希腊有名的英雄，人称"捷足的阿基里斯"，他和乌龟赛跑，乌龟先爬了一段，阿基里斯要追上它呢，必须先跑过乌龟已经爬过的这一段，而当他跑过这一段，乌龟又往前爬了一小段，他又必须跑过这更小的一段，如此下去，他永远追不上乌龟。第三个论证是"飞矢不动"，飞矢在它的飞行过程中，每一瞬间都占据和自身相等的空间，它不可能占据别的空间，它就是那么大嘛，在这个过程之中，相对于它的空间它其实是不动的，因为它总是占据与它的身体等长的空间。第四个有不同的解释，这里是我的解释，就是"运动场"的论证，或者说"一半的时间等于一倍的时间"。我用一个形象的说法：在运动场里面有两队人数相等的人，以相同的速度做相向的运动，你这一队人走过来，我这一队人走过去，从他们的前锋相遇到后卫分离这中间有一段时间；这段时间每一个队各自都经过了对方相同数目的人，比如说每一队有八个人，每一队都经过了对方的八个人，因为从前锋相遇到最后离开嘛，都经过了相同数目的人；但是对于旁观者，对于看台上的观众来说，他们每队只移动了四个人，因为他们相对而走嘛，相对看台上的人来说，他们各自移动了四个人的位置，但是相对走动着的人经过的当然就是八个人的位置了。所以他得出结论，就是"一半的时间等于一倍的时间"，因为他们都是在同一个时间段中，经过了一半的人数的那个时间就等于经过了整个的人数的时间，换言之，经过了四个人的时间就等于经过了八个人的时间。而这是说不通的，所以证明了运动是不可能的。

　　他的这种论证方式，我们要注意的是，他的具体论证现在还有人在讨论，认为他有些谬误；但是它的这个方法，我们可以说，提出了一种辩证的论证的方法。他通过对运动的反驳，恰好揭示出了运动本身的自相矛盾性，从反面论证了运动的本质。所以也有的人把芝诺称为辩证法的创始人，在这个意义上来说也有道理。虽然芝诺并不同意他自己的这种证明，他这种证明是归谬法，是要用结论的荒谬来否定证明的前提的，但他的这种证明恰好提出了一种方法：要解释运动你就必须采取这样一种自相矛盾的方式来解释，而且只有这样解释运动在辩证法看来才是严密的。只有自相矛盾才能严密地解释运动，如果按照形式逻辑去证明运动肯定会导致自相矛盾，形式逻辑是解释不了运动的。当时的人们之所以接受不了他的这种观点，主要是接受不了这种矛盾。所以要么考虑把这矛盾抛开，那就只有静止、存在，而没有运动、非存在；要么考虑矛盾双方，我采取一种什么方式使它们不矛盾，存在和非存在，运动和静止，一和多，能够采取一种什么方式把它们结合起来，让它们不矛盾。这就是后来的人，从恩培多克勒一直到德谟克里特他们所采取的一种解释方式，就是把存在和非存在、一和多结合起来，构成一种结构性的自然观。

三、结构性自然观

下面开始讲第三节：古希腊结构自然观的形成。什么叫结构自然观？就是像芝诺所提到的这种存在和非存在的矛盾、一和多的矛盾、动和静的矛盾，要么避开这些矛盾不谈，要么就要提供一种使双方不至于矛盾的结合方式，由此就引出了对自然观的一种新的观点。也就是不再用一个命题来解释自然万物或者宇宙整体，而是提供出一个结构，用一种概念的系统构架来对它加以解释。这就形成了第三个阶段：古希腊结构自然观。

古希腊自然哲学的第一阶段是始基自然观，第二阶段是存在学说，第三个阶段是结构自然观，返回到始基的自然观立场，讲的是具体自然物的形成，回到感性世界。但是和米利都学派纯粹从感觉引出自然界的始基不同，这一阶段不是要引出一个始基，而是要引出一个结构。那么这个结构就是抽象的、理性的，于是理性和感性就在第三个阶段合并起来了。

这种结构自然观在爱利亚学派那里已经开始有所萌芽，比如前面提到的三个哲学家，以及麦里梭的思想。有的哲学史上面没有麦里梭这个人物，有的也只有很简单的阐述。我们现在做一个简单的介绍，麦里梭生活在公元前 444 年前后，他试图把存在和非存在、一和多统一起来，他认为，即便存在是多，最后也会归结为一。他也是爱利亚学派中巴门尼德的弟子，但是他的这个观点已经偏离了他的老师。芝诺则是完全守护他老师的立场。后来的人就从麦里梭那里出发，纷纷致力于解构爱利亚派，都针对爱利亚派的一、存在作多和非存在的解释，哲学史学家们就形象地把这种思潮称之为"把巴门尼德的存在和一打碎成了多"。

巴门尼德的存在是唯一的，就是宇宙整体，后来的哲学家们把这个整体"打碎"成了自然万物，打碎为多，但是打碎的这些"多"的每一个碎片又都是"一"，每一个碎片又都是巴门尼德所讲的"不可分"、"永恒"。所以他们是在更高层次上返回到了早期自然哲学的多样性，但每一样自身还是一，这样存在和非存在就可以和平共处了。

（一）恩培多克勒

第一个这样做的是恩培多克勒，麦里梭只是一个过渡。恩培多克勒生活在公元前 492 年至公元前 432 年，他的贡献主要是提出了"四根说"。始基这个名词在他那里已经过时了，他提出了"四元素"，元素这个概念比始基这个概念更加具体一些。希腊传统的观念认为水、火、土、气构成了宇宙，但是恩培多克勒把它归结为宇宙是由"四根"所构成的。

恩培多克勒做过巴门尼德和塞诺芬尼的学生，他到处去求学、游学，他也受到赫拉克利特的影响。他提出四根而不是始基构成了万物，四根是多元的，每一个元素都是有定形的，不灭的，但都不是以一种纯粹的方式呈现出来的，而是按不同的比例混合而成的。自然万物有的比较接近于气，有的比较接近于水，有的比较接近于土，有的比较接近于火，但都不是纯粹的，火里面有土有水有气，气里面也有其他的元素，每一种元素里都有其他的元素。所以万物是四根按不同的比例混合而成的，但是每一根都各自为一，它们合起来则为多。自然界的统一都是暂时的，我们总是追求自然界中的一，但是我们看到，自然界中统一的事物都是暂时的，都要分裂，只有每一个根本身是不灭的、永恒的，只有由四根构成的自然界整体的一才是不生不灭的，而具体的自然界万物是有生有灭的，暂时合成一体，但不久就解体了。

这样，他就既统一了自然界的万事万物，又同时把全部宇宙整体考虑进去了，宇宙整体和构成宇宙的四根都是永恒的。既然每个事物都是由四根以不同比例混合而成的，那么每一种元素的事物之间就有孔道，可以通过一些别的粒子。比如水，在水的粒子中间就有一些孔道，可以用来通过土、气等其他元素的粒子，所以粒子与粒子之间是有孔道的。这就不像是巴门尼德所讲的那样：存在是充实的，没有任何空隙。恩培多克勒的物质世界里是有孔道的，通过这些孔道，可以实现粒子与粒子的流动和交换。物质与物质之间有了交换，也就有了变化。在认识论上，他提出了"流射说"，他认为人之所以能看见某事物是因为那个事物的粒子"流射"到了人的眼睛里，与我们眼睛里同样的粒子相结合。

比如，我们眼睛里有水的粒子，自然界对象中水的粒子跑到眼睛里了，和眼睛里的水粒子相结合，我们就看见了水；自然界中火的粒子跑到眼睛里，因为眼睛里有火的粒子，所以我们看见火。万物都有四根的成分，眼睛里也有，所以我们可以认识万物。

这是一种感觉论，也是一种反映论。恩培多克勒非常重视感性，他认为感性是可靠的认识途径。要认识对象，就必须有对象的粒子真的进入到眼睛里，与眼睛里的相同粒子结合。但是恩培多克勒仍然坚持一个原则：这些多孔道仍不是虚空。在一个物质体内有些地方缺少一种元素，好像是一种空隙，但同时它又充满着别的粒子。比如水里有孔道，可以容纳土的粒子，但它还是充实的，并不是真正的虚空，只是相对于某一种元素而言的。孔道不是充满这种粒子就是充满那种粒子。

那么，运动由何而来？无论是粒子的交换也好，事物的变化也好，都是由什么推动的呢？这是恩培多克勒十分困难的一个问题，他求助于一种外来的力量：爱和恨。前面提到阿那克西美尼用凝聚和扩散来解释气的运动，但是什么使得气扩散和聚集？恩培多克勒认为是爱使事物凝聚在一起，恨使事物相互排斥，爱和恨都是精神的力量，而不是元素。但又是谁的爱和恨呢？恩培多克勒仍然回答不了这个问题。所以从这一点来讲，他的学说是很不完善的。而他的继任者阿那克萨戈拉解决了这个问题。

（二）阿那克萨戈拉

结构自然观的第二个代表人物阿那克萨戈拉，生活在公元前500年至公元前428年，他在各地游学后，定居雅典，然后被控告而被赶出雅典，因为他说太阳是一块燃烧的石头，这就是亵渎神灵了。但是他的学说留下来了，他有两个贡献：一个是"种子说"，一个是"努斯"的概念。

阿那克萨戈拉认为万物都是有种子的，他不同意万物都是由四种元素构成的说法，他认为构成宇宙的应有无数种元素，这些元素被他称之为种子。种子有无限多，且每一个种子都是能被感觉到的，这也是自然哲学的感觉论。但是感性的种子又都是无限小的，小到看不见的，所以只能通过理性来认识。一块金子可以感觉到，但它的粒子只能通过想像来把握，所以感性与理性在这种方式下结合起来了。任何物质我们都能感觉到，但当它的体积无限小时，只有通过理性来设想。面包包含血的种子、肉的种子，人吃了面包就能长身体，面包的种子就变成了人身体的结构。而且每一事物都包含有别的事物的种子，只是各自的比例不同而已。面包的种子在面包里占统治地位，它就成为面包。其中一种占优势的种子就显现出这种物质的特点，所以他提出"一切包含一切"。

阿那克萨戈拉认为，每一个种子都是不生不灭的一。金子的种子永远是金子，种子与种子之间、物质与物质之间是充实的，没有空隙。那么运动从哪里来呢？阿那克萨戈拉提出了"努斯"。"努斯"（nous）原来的概念就是心灵、灵魂，这个概念对西方的影响很大，今天西方语言里都有这个概念，努斯就是心灵，它是从希腊词来的。但希腊词有好几个词都可以指灵魂，我们刚刚讲的气和 pneuma，其实也有灵魂的意思。赫拉克利特的火也被理解为灵魂，灵魂是"最干燥的"，灵魂也是最纯粹的火。但是努斯主要是超越于感性之上的一种理性灵魂，它体现为一种理性思维，这是专用名词，专门讲理性灵魂。在柏拉图那里也好，在亚里士多德那里也好，一提到努斯那就是思想，就是理性，所以这

· 第一讲 精神哲学之准备——古希腊自然哲学 ·

个词也翻译成理性。在古希腊，逻各斯（logos）译成理性，nous 也译成理性，但它们的来源不一样。logos 是逻辑理性，它来源于说话、语言；努斯则来源于灵魂、心灵。而灵魂是自发的，所以努斯代表一种自发的自由精神和自由的冲动，代表对感性的一种超越，不受感性束缚。理性灵魂是不受感性束缚的，所以这种理性代表理性中的另外一种含义，不是一种逻辑的含义，而是一种超越性的含义，超感性的理性那就是努斯，往上超升，接近于神，神是最高的努斯。

努斯这个概念由阿那克萨戈拉提出来，他也是把它当作神，努斯就是伟大的灵魂、精神。他认为所谓努斯置身于整个宇宙之外，以前的哲学家都是探讨整个宇宙是什么，宇宙万物怎么起源等等，但是阿那克萨戈拉这里有一种超越，就是说他第一次提出来在宇宙之外有一个神。以往的神要么就是在宇宙之中的，要么就是整个宇宙。但是唯有阿那克萨戈拉提出来，有一个纯精神的东西，跟宇宙中的物质完全不相混淆，不能混同于宇宙中的任何事物。它超然于宇宙之外，所以它是非宇宙的、非物质的、非自然的。

当然它也有它的本性，那就是说，这个努斯是运动的来源，是精神的。精神的就是自发性、自动性，就是能动性，它要推动什么。一个人的行为是由他的灵魂所推动的，那么宇宙就是由宇宙之外的一种努斯、精神推动的，所以努斯是运动的来源。这是第一次真正地把运动的来源问题提出来，并加以解决。当然赫拉克利特提出来，火来源于物质世界内部，从感性的角度他也可以提出一种解决方案，但他那个解决是不彻底的。我们知道火的燃烧是有条件的，必须要有燃料，没有燃料，烧光了就熄灭了，不能完全自动。但是精神上的东西就是完全自动的，神就是完全自动的。当然人的精神也要有燃料，人要吃饱肚子才能思想。但是神就可以没有限制，它超出整个宇宙之外，成为万物的动力，不与整个宇宙相混合，它是独立的、无限的。这个"无限"已经不再是"无定形"的意思了，它是无限的神，没有边界、无边无际，它就有这个意思了。它在宇宙之外能推动宇宙，那不是无限的是什么呢？宇宙本身就是无限的，努斯更是无限的。努斯的最主要特点就是具有能动性，主动地支配一切有灵魂之物。比如说人，人是有灵魂的，努斯能支配一切有灵魂的东西。努斯本身就是最大的灵魂，一切有灵魂的东西就包括人类。

努斯能支配一切有灵魂的东西，当然更能支配一切没有灵魂的东西，所以它能造成整个宇宙的"漩涡运动"。这也是阿那克萨戈拉提出来的一个说法，就是整个宇宙处于一个漩涡状态，在漩涡中旋转。整个宇宙是一个漩涡，那么在这个漩涡里面有一定的秩序，各个不同的种子按照一定的比例混合，就构成了万物。那么这个比例是由谁造成的呢？就是由努斯"安排好"的。所以他讲一切都由努斯"安排有序"，因为它是能动的，哪个地方秩序不满意，它就调整一下，把它安排得有序。

所以，努斯的提出是很重要的，它第一次把精神的东西和物质的东西作了区分。在此之前区分是不严格的。人们都谈到灵魂，阿那克西美尼也好，毕达哥拉斯也好，赫拉克利特也好，但都把灵魂看成是一种物质性的东西。毕达哥拉斯认为，灵魂是物质的碎片；赫拉克利特认为，灵魂是一种火；阿那克西美尼认为，灵魂是一种气，最稀薄的气、最轻的气，或者最干燥的火等等。这都是用一种物质性的东西来解释精神上的东西。唯有阿那克萨戈拉把精神上的东西和物质上的东西一刀两断，精神就是精神，绝不能混淆于物质，它的特点就是能动性，能推动万物。所以用这样一种方式来解决运动问题，在阿那克萨戈拉之后成了西方哲学史上的一种惯例。凡是西方哲学在谈到运动来源问题的时候，没有办法就追溯到精神的东西。就连马克思也讲，"能动的方面被唯心主义发展了"。为什么被唯心主义所发展？从阿那克萨戈拉开始，就把能动的东西规定为精神性的一种自由、一种自动性。如果是上帝就是上帝的自由意志，如果是人就是人的自由意志。凡是运动都是由人的自由意志发生出来的，整个宇宙的运动虽然看起来是一种机械运动，好像万物在那里一个推动一个，但它的"第一推动"肯定是精神性的东西，不再由别的东西所推动而推动别的东西，包括牛顿都要提出"第一推动力"、上帝的第一推动来解释万物的运动。

努斯这个概念主要有下面几个意思：第一是精神性；第二是理性，是人的一种认识能力，超越感性之上来认识更高层次的本质这样一种能力；第三个层次，它具有意志，能支配一切；第四，它是第一推动者，是一切运动的来源；第五是它有目的性，把世界安排得有序；第六是努斯有大小，大的努斯就是最高的神，在宇宙之外，小的努斯就是人，人的努斯就是对神的模仿，人心和神是相通的，人心也类似于上帝。

但是阿那克萨戈拉的神作为一个人格神并不成熟，他只是"安排有序"，但这里的"秩序"还是自然界的规律。他并没有后来苏格拉底讲的善的目的，或美的目的，还是用物质本身的关系来说明万物，他只把"动力源"放在了精神上面，但运动本身仍然被理解为机械的。这方面的缺点我们下次讲苏格拉底的时候要讲到。

（三）德谟克利特

最后我们讲一下德谟克利特，他是第三个环节，就是结构自然观的成型阶段。德谟克利特生活在公元前460年到公元前370年，是比较晚辈的。他提出的"原子和虚空"这一对概念很重要，也就是说，在他以前，阿那克萨戈拉也好、恩培多克勒也好，都有一种"化一为多、寓一于多"的做法，即把一化成多，但是每个多里又蕴含了一，是这样一个思路。

德谟克利特推进了这个思路，他引进了非存在、虚空，虚空就是非存在。所以他是真正地打碎了"一"，把"一"打碎成了"多"。他引进了虚空，那么"一"就有了真正的裂缝，有了裂缝就必然要解体，所以他真正打碎了不可分离的一。但是打碎之后，每个碎片仍然是不可分的，那就是原子。原子（ατομ）这个词就是"不可分"的意思。原子数量是无限的，体积是最小的，是看不见的，只能用理性把握；但是所有感性事物都是由它所造成的，所以它又能反映在感性上。每个原子内部都是充实的，但是它们都在虚空中作直线运动，这就给运动让出了位置。如果完全是充实的，没有虚空，那运动就没有余地了。必须要有空间才能动，捆得紧紧的怎么动呢？原子在虚空中作直线运动，必须承认虚空的存在，否则不能解释运动。所以德谟克利特提出一个命题：存在并不比非存在更加实在，充实并不比虚空更加实在。也就是说非存在也是存在着的，虚空也是存在着的。世界上存在有两类事物：一类是存在，存在是原子，一类是非存在、虚空，这样，运动如何可能的问题就解决了。

但是运动的来源问题并没有解决。运动是可能的，但运动是如何来的呢？原子和原子在作直线运动的过程中有一种碰，你碰我，我碰你，从而形成一种漩涡运动。但是运动只发生于原子之间的传递，我把运动传给你，你又传给他，但最终从哪里来的？这个问题没有解决。万物都是由原子的排列组合以及位置的不同，才显出了各种不同的差别，但原子和原子之间没有更多的差别。当然也有一些看不见的细微差别。有的原子大一点儿，有的小一点儿，有的形状和另外的原子的形状可能不同，有的原子可能带有钩子，有的原子可能光滑一些，比如黑色就是原子比较粗糙，白色就是原子比较光滑。还有的是原子有钩子，互相钩连就形成了金属，有的是圆溜溜的，就形成了气和水等等，它们用这种方式，如大小、形状及运动的方向等等来加以区别。那么产生和消灭就是原子的聚集和分散，宇宙中除了原子和虚空以外什么也没有，灵魂也不过是一种更精细的原子而已。这是一种彻底的唯物主义。德谟克利特是一种彻底的唯物主义，机械论的唯物主义，万物完全遵守着机械的必然性。但也正是遵守这种必然性，所以整个世界是一个最大的偶然性，它的动力的来源无法解释。如果要解释最初的运动，解释所传递的运动最终来自何方，那就只能做一个偶然的解释：世界恰好是运动的，他只能这样解释。所以这种必然性反而成了偶然性。

　　这样的一种机械论实际上使德谟克利特陷入了一种极其痛苦的状态。如何解释机械的自然观和我们所看到的丰富多彩的大千世界的差别？这两种解释如何能调和？认识论上，究竟是遵守自己的理性呢，还是相信自己的感官？这两方面导向认识论上的冲突和自我分裂。为什么会导致这种分裂呢？因为德谟克利特把一切归结为原子的运动，而且这种运动是被动的、机械的，那么这里就丧失了一种主体性的东西，不能用主体性的东西把感性和理性统一起来。感性和理性相分裂，被动的感性和能动的理性相背离。我要探讨宇宙的真理，但看到的都是感性的世界，感性世界就是对理性真理的一种遮蔽。感性世界不能设想它是用原子构成的，我感到一种红色，一种味道，这些未必是由原子构成的。所以在自相矛盾当中，他采取了极端的行动，就是自己刺瞎了自己的双眼：我不看了！我不相信感性的东西，感性是遮蔽真理的，我只想通过理性来发现一些本质规律。

　　这样一种矛盾必须要有一种强烈的主体精神，才能把感性和理性统一起来，这是在他的后继者比如说希腊化时代的伊壁鸠鲁那里才达到的，他是德谟克利特学说的继承人，也是古代原子论的代表。但伊壁鸠鲁解决这个问题，他是凭借一种人生哲学，一种"自我意识的哲学"，而在德谟克利特这里，这个矛盾无法说明。他无法解决运动到底来自何方，机械论使他无法解决运动的问题，所以他的哲学实际上处于一种未完成状态。为什么未完成？因为它缺乏一种"精神哲学"的内涵。要发展到伊壁鸠鲁那样的完成状态的东西，就必须把精神的东西纳入进来，但这时还早得很，不具备条件。

　　所以他的哲学恰恰预示着哲学向下一个阶段的过渡，就是古希腊的精神哲学。这在德谟克利特那里已经有所暗示，比如他有这样的话，"和自己的心进行斗争是很难堪的，但这种胜利标志着一个深思熟虑的人"，要跟自己的精神作斗争，跟自己的心作斗争，当然很困难，但战胜自己的话，就表明你的思想已经成熟了。这样的话预示了一个努斯精神、理性精神奋力超越感性世界的时代已经到来了，这是我们下一讲要讲的——古希腊的精神哲学。

第二讲

古希腊精神哲学的诞生及发展

一、从自然哲学向精神哲学的过渡

我们今天继续前天的讲课，前天已经讲到了古希腊的自然哲学。古希腊哲学是从自然哲学或者说自然之学（也可以翻译成物理学）里面生长出来的，这是希腊哲学的一个很重要的特点，他们将哲学（爱智慧之学）一开始就当作科学来对待。早期的科学当然不同于后来的科学，但却是一种朴素形态的科学的萌芽。经过自然哲学，也就是从物理学中生长和超越出来，超越到一定程度（我们在上一次的课程中已经讲到了这样一个关节点），它就要脱离自然哲学的舞台。所以整个自然哲学，也就是上次所讲到的那十几个哲学家，他们的思想可以说都是古希腊哲学的一个孕育期。当然，他们所讲的东西也是哲学，也是属于古希腊哲学。但是，主要是在它们的里面孕育了经典的或者说古典的希腊哲学。所以我们将希腊的自然哲学看作是希腊哲学的孕育期。在这个孕育期里面，哲学的命题和物理学的命题是彼此不分的，包括宇宙学，像巴门尼德等人虽然不谈自然界，但是却谈自然整体，这属于宇宙学。自然哲学同物理学以及宇宙学是一回事情。那么，到了阿那克萨戈拉和德谟克里特之后，古希腊哲学开始进入到了一个新的阶段，这就是我们今天讲座的主题，即古希腊的精神哲学。

古希腊的精神哲学恰好就是借助于从自然哲学里面所浮现出

来的两大要素，而上升到人的精神世界及其结构关系的。精神哲学乃是对于人的精神世界及其结构和关系的研究。当然，在某种意义上，也可以说是对于人的精神本质或者"精神自然"的研究。从自然哲学到精神哲学的过渡是连续的，最初人们将这种精神哲学仍然看作是一种自然哲学，也就是说关于精神、关于灵魂的"自然"。我们知道西方的自然概念也包含有本质的意思，nature 这个词既表达自然也表达本质。古希腊人其实也是这样的，精神的自然有其自然而然的本质。那么，上升到了精神世界及其结构，尽管讲的也是一种自然，但是此种自然同原来所谓的自然相比，含义已经是大不一样了。原来的自然是感性的自然，或者说是客观世界的、被创造的自然。而现在我们已经进入到了人的创造性的自然，即人的精神世界。那么，精神哲学通过上升到这样一个阶段，就为后来的形而上学，也就是亚里士多德形而上学的建立奠定了基础。亚里士多德形而上学无非是关于自然和人、存在和思维相统一的一个体系，亚里士多德形而上学是将前一个阶段的自然哲学和这个阶段的精神哲学综合起来的产物。

那么，究竟自然哲学中所浮现出来的是哪两大要素呢？根据我们在前面所讲述的内容，我们可以看到，第一个要素是通过对于始基和一的不断追求而凸现出来的逻各斯精神，这种逻各斯精神的最典型的代表是巴门尼德。当然，逻各斯是赫拉克利特最先提出来的，但是在赫拉克利特那里，逻各斯还没有摆脱那种神秘主义的、形象的色彩。他还是以自然界万物的生长、形象等方面来表达逻各斯的含义的，但是到了巴门尼德那里就已经将这些东西撇开了。巴门尼德说，"存在即存在"，"存在是一"，"非存在即不存在"，这样一些命题都是非常抽象的，完全摆脱了感性的形象。所以逻各斯精神以巴门尼德为代表,他们试图从逻辑的意义上去规定一些范畴,以超越感性。第二个要素就是对万物的动因或者说动力源的不断追求,并且一直反思到一种能动的努斯。前面讲了,阿那克萨戈拉第一个提出来说,努斯是万物运动的动力。这就解决了动力源的问题。对于动力源、对于动因的追求,就是在自然哲学里面最后结出来的一个硕果,这就是努斯精神的出现,这一方面是以阿那克萨戈拉为代表的。那么,以巴门尼德为代表的逻各斯精神和以阿那克萨戈拉为代表的努斯精神在他们那里都还带有自然哲学的色彩,因为它们都是对于自然界和自然整体的规定,一旦两者(逻各斯和努斯)完全摆脱自然的束缚,那么它们就凸现了它们本身的内在的丰富性和巨大的能量,它们就演变成了万物的"本质"和万物的"目的"。这就是我们在今天要讲的"精神哲学"。

当时以雅典为中心的古希腊古典时代,有一个最突出的学派叫做智者学派,这是我们在精神哲学中应该首先熟悉的一个学派。智者学派讨论问题偏重于逻各斯的方面。他们使得逻各斯主体化了,变成了一种由主体自由支配的、灵活多变的规范。逻各斯本来是规范的,而规范一般来说是客观的。但是在智者学派那里,由于将逻各斯归结为主体,所以这种规范不再是那种僵死的规范,而是灵活多变,甚至像万花筒一般变幻出各种各样的色彩。这就展示出逻各斯这个简单概念内部其实潜藏着无限的丰富性和可能性,并且体现了对于外部客观事物的一种独立性。这就是智者学派偏重于逻各斯方面所做的工作。

此外就是苏格拉底,他是古典时期著名的哲学代表人物。苏格拉底也是从逻各斯入手,但是其重心已经有所偏移,是从逻各斯深入到其背后的努斯精神。他对于逻各斯加以反思,于是就揭示出了逻各斯背后自由的主体本身及其精神生活，这种对于努斯的揭示，最后引向了对于理性神的追求。这是我们要讲的第二个人物。

第三个人物就是柏拉图。我们马上要讲到，柏拉图的辩证法就是将苏格拉底的反思再加以提升。苏格拉底的反思，也就是从逻各斯反思到其背后的努斯精神，乃是采取一种个人化的方式来达成的。而柏拉图的辩证法则将这种个人化层面的反思提升到了一个普遍性的原则。尽管反思必须是经过个人的，但是在柏拉图看来，这已经成为了一种世界观。这就是说万事万物、每个人，其实内部都包含了一种努斯精神。这是柏拉图通过辩证法所达到的新的逻各斯高度。比如说，他的"理念世界"的提出，理念世界是万物的本原，而理念世界本身又体现出一种努斯。理念作为一种规范当然是逻各斯，理念乃是一种概念，而概念是确定的，有规范性的，但是其中却有一种向上超升的力量。所以柏拉图理念世界的建立可以看作是亚里士多德形而上学的直接的前提，关于这一点我们在后面还要讲到。今天的内容还没有到达亚里士多德的阶段，我们在此所讲的还只是古希腊精神哲学本身的第一阶段，这就是智者学派的语言哲学。

二、精神哲学的诞生——智者学派的语言哲学

智者学派在古希腊非常盛行，我们在苏格拉底的对话中看到，与他讨论的对象，大部分都是那些智者学派中人。为什么苏格拉底喜欢找他们对话呢？因为他们自称为智者，认为自己很有知识

和智慧。但是苏格拉底"自知其无知",他于是要找那些有知识或者自以为有知识的人来探讨问题。智者学派五花八门,有人认为不能够将智者学派称为一个独立的学派,因为他们的观念极为不同,甚至相反。在另一方面,一般说来,智者学派并不是很认真地对待自己的观点,他随时可以放弃自己的观点。观点在他们看来并不重要,重要的是什么呢?重要的是他们用来表达这些观点的时候所使用的语言技巧。他们所看重的并不是你表达了什么样的观点,而是你如何表达你的观点。表达得好不好,漂亮不漂亮,能不能说服人,所以他们通常喜欢卖弄修辞学和诡辩术,后来的人又将他们称为"诡辩学派"(sophists),中文是意译。将智者学派翻译为诡辩学派,从意思上说是这样的,但是在字面上并不是。智者学派沉溺于诡辩,尽管如此,在希腊哲学发展史上,智者学派是绕不过去的一个环节。因为正是他们在希腊第一次使得语言和逻各斯摆脱了对于外部世界的指称作用,而具有了独立性。

我们知道,语言是用来指称的,首先是指着一个东西给它"命名",所以每一个语词都应该有其指称。现代分析哲学专门研究这一方面——名称和指称。但是智者学派恰好是致力于使语言从指称作用中脱离开来,把它们独立地当作一个体系。也就是说,把语言本身当作一个合乎逻辑的体系,而不管其指称如何。他们所考虑的问题只是能否做到"言之成理",于是他们深刻地揭示了语言本身的一种内在的辩证本性。因为他们使得语言独立出来,使得语言脱离了指称对象,而专门来研究语言本身、语法本身和修辞学,语言本身的这种内在辩证的本性就显露出来了。这一种考察为主体超越于客体、建立一个独立的精神世界提供了一个支撑点。这就是说,主体或者人的精神要超越于客观物质世界,应该在何处寻找支撑呢？有什么东西可以为此提供支持呢？任何外在世界的事物都无法提供支持，无论是用火还是用气，还是用水，都不能支持精神摆脱物质世界。唯有一个东西能够提供支持，这就是语言。语言当然也是物质性的，声音本身就是一种物质现象，乃是空气的振动，但是空气的振动对于语言来说，仅仅是一个借用的载体，本身并没有什么意义。不同的语言，空气的振动肯定不同，但是它们可以表达同样的意思。所以语言的真正本质是包含在其"意义"中的，这一意义超越于一切感性自然之上，因此语言可以为人的精神独立性提供一个支点。我们也可以从这里看出，为什么希腊人那么重视语言，为什么说语言是"存在的家"。如果将一个人的存在仅仅看作是物质存在、动物性的存在，那没有什么可以多说的，但是如果将人的存在视为一种精神存在，一种主体性的、自由的生存，那么就无法离开语言。语言是唯一能提供支撑的地方。

因此，古希腊哲学中的逻各斯精神和努斯精神在自然哲学中，一直是相互纠缠着，而智者学派将逻各斯精神从这种纠缠中单独地提升出来，将其矛盾揭示出来，并且推向极端；这样的一个举动就使得我们的哲学思维从自然哲学进入到了理智清明的精神哲学，也就是说排除了那些感性的混杂物以后，进入到了概念。我们今天对于"从概念到概念"持一种鄙视的态度，认为它脱离实际，但这却是一个必经的阶段。没有从概念到概念，又如何能够发现语言的本性呢？又如何从语言中发现人的精神的本性呢？你就只能始终纠缠在感性的东西中。所以这是一个前提。智者学派将逻各斯从这种纠缠中提升出来，仅仅考察逻各斯，考察我们怎么说。他们对于语言的哲学意义和对于语言规律的研究都有极大的价值。所以直到今天，人们仍然在研究智者所提出的种种命题。比如说悖论的问题,当然还有其他很多类似的辩论。辩证法,也可以说辩证逻辑,就是从这里产生出来的。赫拉克利特有辩证思维,爱利亚派的芝诺有辩证法,到了智者学派才有辩证逻辑。

(一)普罗塔哥拉

在智者学派中,我们首先要考察的是普罗塔哥拉,他的贡献主要在于语言的主观化,或者说语言的主体化。普罗塔哥拉生活于公元前481年到公元前411年,他的主要的活动地区是雅典。他成为哲学家后来到雅典,宣扬自己的观点。他是第一个自称是智者的,也是第一个收费的教师。他开馆收徒,向那些想向他学习的人收费,用自己的大脑、自己的智慧赚钱。他是智者,他给自己挂的牌子就是智者。为什么他能赚到钱呢?因为在当时有这样的一种需要,当时的雅典是一个民主制的社会,就是所谓的雅典城邦民主制,城邦民主制大量地需要这样一些能言善辩的人。不管是职业的为人打官司的讼师或律师,还是需要说服大众相信他的观点的政治家,都需要辩才,私人打官司也需要有一定的辩说能力,于是都纷纷到他那里去学习。他教授那些雅典人学习论辩或诉讼以及演说的技巧。为了教这些东西他当然有自己的研究,不可能自己不知道、不清楚,就去教人家。于是,他就专门研究了希腊语的语法问题,他被认为是希腊语法的奠基人。以往的希腊语都是自然语言,当然不能说这些语言没有语法,但是没有非常规范的语法。普罗塔哥拉是第一个把希腊语法规范下来的人,比如说,他第一个区分了动词的时态以及名词的阳、中、阴三性,他划分了句子的陈述式、疑问式、命令式和祈使式,纠正了语法中各种各样的错误，制定了修辞学和雄辩术的一般规范。经过普罗塔哥拉以及他的弟子，还有其他智者的这样一番工作，到亚里士多德建立他的形式逻辑就顺理成章了。

但是，普罗塔哥拉在哲学上的贡献，主要还不在于这些方面。他对语言的规范虽然有其实用的意图，比如说收徒、赚钱、帮人家打赢官司以取得回报等等，但是他本人其实不是一个看重钱财的人，他还是一个对真理有自己信仰的人，他把自己的规范当作是真理的逻各斯来推崇。为了这个目的，他甚至不惜牺牲其他一切成见，包括信仰。我们后面要讲到包括对神的信仰他都表示怀疑。只要是逻各斯认定的，他就认为是对的；如果逻各斯没有认定，他就会质疑。所以在同时代的人看来，向普罗塔哥拉去学习，并不是仅仅学习一种口头辩论的技巧，而是把自己的灵魂托付给他。这就很严重了，如果成为普罗塔哥拉的学生，就要把自己的灵魂交给他。普罗塔哥拉太认真了，他教授语言是怀着一种忠诚的信仰，并不是教授那些含混不清的自然语言、日常语言，而是力求精密，精益求精。所以，他揭示了语言的深层矛盾，他的语言往往表现为一种辩证的语言———一般人们在日常生活中是不用的，谁要是说出来，人们就会认为是在说怪话，觉得好笑。这是因为辩证语言往往是说反话，有一种反讽的性质。但是，普罗塔哥拉致力于研究这一方面，所以他能把学习者抛进一个相对主义和怀疑主义的深渊。学习者把灵魂交给他，跟他学习，到头来什么也不相信了，这是很危险的。正因为如此，他的弟子就需要一种执着的追求，就是要紧紧地抓住逻各斯本身，要对逻各斯有一种信仰、执着，只有这样才不会被那种无底深渊、无所依傍的状态所吓倒。所以他的学生往往有一些惊世骇俗的言论，只有不怕世俗社会的嘲笑，一意孤行，才敢于坚持他的原则，坚持他的逻各斯道路。

在普罗塔哥拉那里，既然语言的逻各斯从所有的那些日常的成见、看法，包括对自然界、感性世界的看法中，彻底地脱离开来，于是他就把这样一种逻各斯完全归入到人的主观里面。这样，逻各斯就是主观的。在主观中唯一抓得到的，就是逻各斯，这是唯一的一根救命稻草，是不能放弃的。他有一句名言表明了他的这种立场："人是万物的尺度，是存在者如何存在的尺度，是非存在者如何非存在的尺度。"从中我们可以看出一些历史渊源。存在、非存在在巴门尼德、芝诺那里都有很多的谈论，但在普罗塔哥拉这里，都归结为人自身的尺度。人是万物的尺度，因为逻各斯在人心中，而且逻各斯只存在于人的心中，于是人完全可以凭借他的逻各斯去衡量万物，判断存在还是非存在。在巴门尼德那里，把逻各斯称为神圣的，用来判定存在还是非存在；而普罗塔哥拉的逻各斯是世俗的、人的，人是万物的尺度，逻各斯在人心中，这就使神圣的逻各斯从天上降到了人间。

这样，用世俗的逻各斯判定存在和非存在，不仅能判定"是"还是"不是"，而且还能判定如何"是"、如何"不是"，所以它"是存在者如何存在的尺度，是非存在者如何非存在的尺度"，这是普罗塔哥拉对存在与非存在学说的一个推进。或者可以说，在巴门尼德那里，逻各斯还是一个抽象的"一"，是神圣的、唯一的；到普罗塔哥拉这里，他把那个唯一的逻各斯打碎成了具体的"多"，每一个人都有自己的逻各斯。这样一来，我们可以根据自己立场和视角的不同，而对事物得出不同的判断，从此不再存在一切人共同的、统一的逻各斯，每一个人都根据自己的逻各斯作为标准，来衡量万物存在、非存在以及如何存在、如何非存在，这就是相对主义了。他举例子说，有时候，同一阵风吹来，你觉得冷，我觉得不冷，或者我觉得稍冷，你觉得很冷。那么对感觉冷者来说，风就是冷的，对感觉不冷者来说，风就是不冷的，你觉得如何就如何。这是因为每一个人心中都有自己的逻各斯。事实上，感觉的相对性在德谟克利特那里已经提出来了，他之所以弄瞎自己的双眼，就是因为感觉太不固定了，是相对的，"言人人殊"，每个人说的都不相同。但是，普罗塔哥拉把这样的相对性推广到一切知识上去，不仅感觉是相对的，而且理性也是相对的，不同的人都通过理性推导出来，结果可能不一样（有点儿康德二律背反的意思，同一个理性可以推出完全不同的结果）。理性也不是完全绝对的，也有相对性。

普罗塔哥拉利用逻各斯的这种相对性，从人际交往和政治生活中间获得好处，也就是一个人能言善辩，能把死的说成活的，能够在各种情况下左右逢源，那他就会很容易地占便宜了。后来人针对此评论说，在他看来无论在诉讼、论辩，还是政治生活中，争论双方的论题或者体验都是真实的，假的是不存在的，只要一个人说得头头是道，符合逻各斯，就是真的，至于外部事物的真假已经无所谓了。无论是感性还是理性，作为主观尺度本身已经是真的了。经过主观认定的就是真的，这就是普罗塔哥拉的主观主义，也是最早的人本主义。"人是万物的尺度"，至于不同的人的尺度会发生相互的冲突，这在普罗塔哥拉看来，完全不是问题，因为本来就应该是冲突的。真理本来就是冲突的、相对的，关键在于如何在辩论中获胜，如何获得利益，有益于自己的就是真的。普罗塔哥拉要做的就是把真理的标准从外部世界转移到人的内心中来。同时他对逻各斯还是有自己的信念的（尽管其中充满着相对主义），所以他力图从这种尺度中发现某种规律性的东西。这种规律性就是：在语言或者逻各斯中处处包含一种本质上的自相矛盾性，语言和逻各斯本质上就是矛盾的。他说过，"万物都有两个对立的说法"，掌握了这种规律，我们就可以提出对立的逻各斯，那么我们就可以"使弱的道理变强"。

因此，当你听到对方对某件事发表见解的时候说得头头是道，不要丧失信心，而是要胸有成竹，肯定有一个与此相反的命题。只要你抓住这个反命题，你就可以永远立于不败之地，不管对方有着什么样的道理，你都可以使你的弱的道理变强，至少可以与他相当，说不定还可以胜过他，如果他不如你灵巧的话。在这里有一个非常著名的例子，说的是普罗塔哥拉与他的一个学生订了一个契约，规定这个学生学成毕业以后，所打的第一场官司，如果赢了的话，就要付学费，如果输了，就可以不付学费。这是很自然的，普罗塔哥拉是收费的教师，教授的效果如何，就需要看这个学生是否能打赢官司，打赢就收费，打不赢就不收费。但是，这个学生毕业以后，迟迟不去打官司，也不交费，于是普罗塔哥拉就急了，要去法庭起诉他。于是就对这个学生说，我起诉你对你是不利的，因为如果你胜诉了，那么按照契约你就必须交学费；如果我胜诉了，那么按照法庭的判决，你还是要缴费，所以无论怎样我是保赢的，只赚不赔。可是，这个学生反驳他说，不对，如果我胜诉了，那么按照法庭的判决，我就不必付费了；如果我败诉了，那么按照契约，我也可以不必付费，也可以保赢不输。这就成了两难，据说法庭无法判这个案子，就不予立案。所以我们可以看出，普罗塔哥拉对待真理和逻各斯有一种相对主义和实用主义的态度。

但是这只是一种副产品，因为他之所以会有这样一种相对主义的态度，还是由于他不带偏见地、绝对地认可逻各斯本身有一种辩证的本性。这种立足于逻各斯来探究事物的概念的辩证法，对希腊的辩证思维起了极大的推动作用。普罗塔哥拉发现语言本身有一种辩证法，具有一种自相矛盾性和相对性。在此之前，赫拉克利特已经有一种辩证思维了，但是那还是纠缠于感性的事物之中，而且带有神秘色彩；在芝诺那里，已经运用了逻各斯，但是采用的是"反证法"的方式。只有到普罗塔哥拉这里，才首次使辩证法具有了逻辑的形式，因为它纯粹依据于语言，而且是从正面阐述辩证法，不像芝诺仅仅从反面证明。普罗塔哥拉认为矛盾恰好证明冲突双方都是对的。所以他首先就把立足点完全转移到纯粹的逻各斯本性上来了，这是通过把逻各斯主观化、主体化才做到的。这就要求他对逻各斯抱有一种绝对的信仰，哪怕它出现矛盾，陷入相对主义，你还是要相信它，而其他的一切都是不可信的。

所以他就提出了"疑神论"，对神采取怀疑的态度。他说，"关于神，我不可能知道他们如何存在或如何不存在"，因为神本身是不符合逻辑、逻各斯的，"我也不可能知道他们的形象是什么，因为有很多认知方面的障碍，人们不可能认知神"。也就是说，人认知任何存在或者不存在的事物只能凭借逻各斯，而神在逻各斯中是不清晰的，神的概念本身就是不清晰的，所以就只好存而不论，这就是"疑神论"。这种疑神论是他坚持主观主义真理论的一个必然结果，所以说西方很多主观唯心主义者不一定都是通向神学的，很多主观唯心主义者都被称为无神论者，如后来的休谟、费希特这些人就被称为无神论者。他只相信自己内心中的东西，不相信其他的一切。那么，这种态度在当时就是很严重的事情，他对神都表示怀疑，所以他就触犯了众怒，雅典民众就通过法庭判决把他驱逐出境，赶出雅典。

普罗塔哥拉的逻各斯是辩证的、相对主义的，但又是肯定性的，因为他对对立的每一方都抱一种肯定的态度，只要双方在逻各斯上是成立的，那么双方就都包含真理。相反，高尔吉亚的逻各斯则是否定性的。

（二）高尔吉亚

第二个智者学派的代表人物就是高尔吉亚，他恰好从另一个方面入手，展示了语言、逻各斯的否定性。普罗塔哥拉认为，凡是能够说出来的，都是真的；相对于普罗塔哥拉对语言、逻各斯的这种肯定，高尔吉亚则认为，凡是能说得出来的，都是假的。事实上，这两个命题是一回事。高尔吉亚生活于公元前485年到公元前380年，据说活了一百多岁。他在修辞学上有很高的造诣，而且像普罗塔哥拉一样，他对修辞学也有一种信仰，所以当时的人们讥笑他是"靠舌头吃饭的人"。他不是雅典人，是西西里人，但是在雅典作为使节的演说，使他获得了很大的名声。所以有人指出，普罗塔哥拉认为每一个意见都是对的，高尔吉亚恰恰相反，认为每一个意见都是错的。他的贡献就是揭示了语言本身具有否定性的一面，并且他把这种否定性表达在本体论、认识论和语言之中。高尔吉亚提出了三个这样层层递进的命题，我们前次已经提到了。第一个命题"无物存在"（本体论），第二个命题"即使有某物存在也不可认识"（认识论），第三个命题"即使被人们认识了也无法告诉别人"（语言学），在这三个层面都提出了否定性的逻各斯。那么既然是逻各斯你就要论证，他的论证是很有特色的，古希腊辩证法的通常程序就是这样来论证的。

首先"无物存在",他要论证这个本体论的命题。他说,如果有某物存在,那么这个某物或者是存在或者是非存在,或者是既存在又非存在,只有这样三种情况。

他首先把这个"非存在"解决掉,他说非存在是不能存在的,非存在是不可能的。因为很简单:某物不可能既同时存在又非存在,某物存在又非存在这本身就自相矛盾,它怎么既是存在又是非存在呢?非存在怎么能够存在呢?

那么,再对付第二个命题——存在是存在,这比较难一点,但主要的问题也是这个问题,即"存在存在"这样一个命题是否能够成立。某物如果是存在,那就是存在存在。那么"存在存在"这个命题是否站得住呢?他认为某物作为存在也是不能存在的。因为如果存在这个某物是存在的,那么就有三种情况:一种它是永恒的,一种它是产生出来的,一种是既是永恒的又是产生出来的,只可能有这三种情况。那么我们一种一种地依次来考察。

首先它不可能是永恒的,因为如果它是永恒的它就没有开端,就是无限的;而无限的就是无边无际,没有东西可以限制它,那也就没有任何一定的处所、场所。它就不可能存在于一定的场所,如果存在于一定的场所,那就被限制了。没有一定的场所那就意味着没有一定的存在的场所,因为存在是要场所的,既然它不在任何地方那它就不可能存在了。因此,如果存在是永恒的那它就不可能存在了。

第二个可能性,它也不能是产生出来的,这种情况也是不可能的。否则,某物要么是从存在产生出来,那就不是产生,而是已经存在。存在之物又是从存在产生出来的,那不就是已经存在了吗?那就不是产生的。一个存在从存在本身"产生"出来,那本身就是废话。要么，它产生于非存在，但是这也是说不通的，无中不能生有。从非存在中怎么可能产生存在呢？所以这一条又被否定了。再一个，是不是可以说，它既是永恒的又是产生出来的呢？这也是不可能的，因为这两者是互相排斥的，永恒的就不可能是产生出来的，凡是产生出来的就不能说它永恒的，所以这一条也被反驳掉了。结论就是：某物作为存在在所有可能的三种情况下都是不可能存在的。这里面体现出一种希腊式的论证方式，他们总是在一种形而上的层面上把各种可能性列出来，然后一条一条地把它驳倒，经常是运用反证法。我们在康德的二律背反里面就可以看出来，二律背反整个都是用反证法，它可不可能这样？可不可能那样？这样不可能，那样也不可能，那么最后当然不可能！因此，某物作为存在在各种情况下都是不可能存在的。

最后一种情况，"某物既是存在又是非存在"是否可能存在呢？他说这也是不可能的，因为存在和非存在如果是某物同时具有的，在某物身上是等同的，那么在某物身上这个存在就等于非存在了，这个某物既存在又非存在，那么它所有的这种存在不就是非存在吗？所以某物作为存在又作为非存在也是不可能的。通过这样十分繁琐的辨析，最后才得出他的结论"无物存在"。任何东西都不可能存在，因为你所能想到的就是这些可能性了，他一个一个都把它们推翻了，那么最后只有一个唯一的结论"无物存在"。这是第一个命题，也是最困难的命题。

第二个命题就是认识论上的命题——"即使有物存在也不可能认识"，不可认识在高尔吉亚看来也就是不可思维、不可想的。这第二个的命题的论据借用了对第一个命题的论证。从第一个命题的论证里面我们已经可以看出，凡是你能想到的任何东西都是不存在的。前面想了很多可能性，把所有可能性都穷尽了，从逻辑上只有这三种情况，一个正面，一个反面，一个是正面兼反面，所以凡是可以想到的东西都证明，任何某物都是不存在的。那么第二个命题就借用第一个命题已经看出来的原则——凡是能想到的东西都是不存在的，于是推出：如果有存在的东西的话，它必然在你所能想到的东西之外，因为你所能想到的东西都已经不存在了。由此就可以证明即使有某物存在也想不到，想不到当然就不能认识了。

那么有的人也许会说，你所想到的东西，能不能仅仅因为被想到、被思维就说是存在的呢？既然你已经想到了，它是不是作为想到的东西就已经有了呢？高尔吉亚说也不行，他说我想到一个飞人，我想到了一辆海上的马车，并不因为我想到了它，它就成为存在的。相反，的确有许多非存在的东西又是我们所能够想到的，比如说妖怪，妖怪我们知道是非存在的，但是我们可以想它，所以凭借你能够想到它就认定它是存在的，这是站不住脚的。我们可以想到很多不存在的东西，这个并不因为我们能想到它，它就能够存在。所以思维就它的性质来说，根本不能设想，更不能认识那种存在的东西，即使有存在的东西，思维也是不能思想、认识那些东西的。即使有物存在也不能够由我们的思想去认识它，这是他第二个命题的论证。

对第三个命题的论证，"即使有物存在又被人们认识了，也无法告诉别人"，这是从语言学的角度来谈。他的论证是这样的：他说因为我们用来传达的手段是语言，但是语言并不是存在的东西，语言只是表达那个存在的东西，它本身不是存在。它无法把存在的东西直接地传达给别人，你把语言告诉别人，别人所听到的也只是语言，你想用语言所传达的那个东西并不随语言传达过去。这是两种不同的东西，语言和语言所表达的对象完全是不同的，这就好比视觉、听觉的对象也不能通过眼睛和耳朵传达给别人一样。你看到一个东西，你并不能把这个东西通过感官传达给别人，这是一样的，你的认识器官和对象完全是两码事。所以语言与各种感官都有各自的表达方式，也不能相互通约，你看到的或感到的东西你能通过语言把它转达给别人吗？你说自己看到一团红色，你说快来看，我看到一团红色，但是你所说的是语言，不是红色，你说出来的是"红色"两个字而不是红的那个颜色。所以即使你看到了红色，你也不能把红色告诉别人，别人要知道红色还得自己去看。所以语言是不能通约的，我们的感官是外在的对象所刺激起来的，语言又是由这些感官印象所产生的。我们有语言，我们有很多印象，要把这印象传达给别人，我们就创造了语言，就把我所感到的东西告诉别人。但是语言并不能表达这种感官印象，更不能表达这些感官印象的对象，所以语言中给予的东西不同于其他感官所给予的东西。词和感知是完全不同性质的，和感知的对象更加是不能相提并论的，所以结论就是：语言完全不能传达存在的东西。这是高尔吉亚的三个命题。

上述这三个命题我们归总起来看，他是层层反驳巴门尼德的，实际上就是针对巴门尼德的。第一个命题主要就是反驳巴门尼德的"存在是存在的"，这是巴门尼德最基本的命题，只要破了这一点，那么"无物存在"就已经得出了，而其他的观点都不攻自破。本来无物存在，所以你大谈存在如何如何，存在是一，存在是什么，那都是空话了。第二个命题就是反驳巴门尼德主张"思维和存在是同一的"，而高尔吉亚认为即使有物存在也不可认识，这是反驳他的第二个命题的。思维和存在不是同一的，思维是思维，存在是存在，

·第二讲 古希腊精神哲学的诞生及发展·

存在在思维之外，你所能设想到的东西都是不存在的，如果有存在也在思维之外，所以思维和存在是不同一的。第三个命题针对"思维和存在统一于逻各斯"，统一于"说"，这是从语言学上反驳巴门尼德的这个看法。这个反驳既摧毁了存在的基础，也摧毁了存在和思维同一的基础，所以第三个反驳是最根本的。前面讲的反驳第一个是本体论上的，第二个是认识论上的，第三个是语言学上的，第三个是最根本的：即使有物存在，而且被认识了，但你说不出来，你说不出来，思维和存在就没有一个统一的基点，无法统一。思维和存在无法统一，你就不能够认识存在，也不能够认为有物存在。这一点是前面的基础，是最根本、最直接地体现出来的高尔吉亚本人的立场，就是对语言这种否定性的作用加以揭示。

语言的否定性作用在高尔吉亚那里成为了一种真正主体性的力量，就是语言可以自由地不受任何事物的束缚，来想像出各种各样的非存在的东西。语言完全不受存在的束缚，它所思想到的都是非存在的东西，因而是自由的，没有任何东西可以阻碍它。所以通过他的这样一番提升，语言摆脱了一切感官而唯一地单凭它的逻各斯来传达概念，从词语到词语，从概念到概念，这就是顺理成章的。这是高尔吉亚对语言否定性的表达，但这种否定性里面包含着一个最大的危险，就是语言这种否定性会反过来否定它自身。你说了那么多，最后却说语言根本不能说什么东西，那你还说那么多干什么呢？语言的否定性导致了语言的自否定。如果我们问："无物存在，但是语言本身存在吗"？高尔吉亚说无物存在,那语言是否存在呢？按照高尔吉亚的逻辑，语言自然是不存在的，按照他的信念，语言又是他唯一信任的真实的存在。所以高尔吉亚在这里是在自掘坟墓。他借助于逻各斯质问了他以前所有的希腊哲学，所有以前的希腊哲学都是要追求一个存在,他借助于逻各斯质问为什么有物存在而不是什么都不存在?我们上次已经提到,追问为什么有物存在而不是一无所有,乃是形而上学的根本问题。从逻各斯来看这完全有道理,一无所有也是可能的。中国哲学就是一无所有,老子的"贵无"的哲学,讲"天下万物生于有,有生于无",中国哲学有"本无论",为什么不能从无开始?为什么不可以把所有的东西都归于沉默?这是中西哲学的一个根本差异。高尔吉亚没有意识到这一点,但是他提出了问题:为什么一定要有物存在而不是什么都没有?但是这样一个问题反过来指向了他自己,为什么一定要有逻各斯存在呢?逻各斯本身为什么要存在呢?这样一个问题的回答必然要引出逻各斯底下的根,那就是精神性的灵魂——努斯,下面我们就要谈谈苏格拉底的灵魂学说。

三、精神哲学的上升阶段——苏格拉底的灵魂哲学

(一)从智者派到苏格拉底

精神哲学分为三个阶段:第一阶段是智者,智者的语言哲学;第二个阶段就是苏格拉底的灵魂哲学。在智者派那里,逻各斯对自然万物具有一种既肯定又否定的关系,并且由于逻各斯的这种普遍的本性,肯定和否定都表现得非常的绝对。逻各斯是一种普遍规范。你要肯定一个命题,这个命题既然是普遍性的,那么它就是绝对的,无一例外,所以它有一种绝对的方式。对万物的一切看法,我们都能够由于我们说它而使它成为真理,或者是由于

我们不能说它而成了谬误,这是普罗塔哥拉和高尔吉亚的两条思路。由于对于万物我们可以说它,所以凡是能说的都是真理,或者由于我们不能说它,凡是我们说出来的都是谬误,这是两种相辅相成的说法。就逻各斯成为万物的本质而言,它能够使万物得到规定。但是就其本身是超越万物而言,它不是任何一物,它超越于万物之上,又使万物遭到了彻底的否定。所以逻各斯对于万物来说,既有规定的作用,又有否定的作用。规定作用是由于它的普遍性,万物没有一个能逃出它,所以它能够对它们进行规定;否定作用是由于它的超越性,它超越于一切万物之上,所以它不是所有的东西,不是万物。后来斯宾诺莎说"一切规定都是否定",在这里其实已经有了一些表现。

普罗塔哥拉和高尔吉亚这样两种相反相成的运用恰好揭示出,在这个逻各斯的背后有一种东西在支配着它,使得它进入到一种辩证的状态,也就是一种自相矛盾、自我否定的状态。这就是说,当我们把逻各斯的这样一种反思转向逻各斯本身就可以发现,那推动着逻各斯去超越万物、去支配万物的东西,不再可能是某种自然之物,甚至于不可能是自然界整体、宇宙整体,而是在这个自然整体之外,跟任何自然之物都根本不同的某种东西,也就是某种绝对的能动性。逻各斯的这个对万物的超越性,在高尔吉亚那里,要求超出一切,要获得它的自由。普罗塔哥拉则把这个逻各斯当成主体的一种能力。那么这个主体是谁?

这个主体肯定是一种非物质的能动性。非物质的就意味着不受任何规定。如果是物质的话,就要受到逻各斯的规定,但是如果它是非物质的,它就能够推动逻各斯,不受逻各斯的规定。这种能动性在阿那克萨哥拉那里是通过一种对万物动因的不断追求、寻找而提出来的，那就是努斯。在阿那克萨哥拉那里，努斯是推动万物运动的最终原因。但是阿那克萨哥拉还没有立足于普遍的逻各斯进行反思，所以他的这个努斯只是充当了自然的第一推动力，只充当了这样一个角色，就是最初推动整个宇宙的就是这个努斯。努斯当然是非物质的，是精神的，但仅此而已，它起的作用就是第一推动，就像上帝的第一推动一样。而在具体事物的解释中，阿那克萨哥拉仍然是按照日常的经验和经验规律、日常知识来解释的，比如说机械论，一个东西推动另外一个，另外一个又推动另外一个。像德谟克利特的原子论的那样一种互相碰撞，那很日常并且通俗易懂。阿那克萨哥拉其实也抱持着类似的观点，比如说他所提出的"种子说"，认为每一个事物里面的占优势的种子就表现出那样一种事物的特性，种子的优势越大，那种特性就越强，这也是一种很日常的解释，但是除此而外就再没有别的任何作用了。在阿那克萨哥拉这里，努斯只是给予了我们这个自然界一种秩序，但是这种秩序究竟是什么样的并没有明确定下来。他还是用自然的眼光来看待自然的变化运动。

到了苏格拉底这里，努斯变成了逻各斯的一种内在的力量。苏格拉底从逻各斯入手，他不像阿那克萨哥拉那样武断地设定一个外在的努斯来推动这个宇宙，而是就从这个宇宙运动变化过程中的那种规则背后去寻求它后面的那种动因，寻求它背后那种否定力量的源泉。那么这样一来，逻各斯的普遍规定性就成为了努斯的能动作用的一种体现。世界为什么有那样一种规定性，普遍性的逻各斯为什么能够找出规律？是因为背后有努斯在那里起作用，有一种能动的作用。这样一来，苏格拉底就建立起了一种独立的灵魂学说，或者努斯学说。这个跟阿那克萨哥拉不一样，阿那克萨哥拉的努斯还没有建立成为一种独立的灵魂学说，它只是作为整个宇宙的一个附带的推动力，处于外部。苏格拉底把立足点完全移到努斯身上，但是又是从逻各斯入手的，从万物的规律底下去发现它的动力源。

（二）作为逻各斯之基础和宇宙之目的的努斯

苏格拉底生活在公元前469年到公元前399年，活了70岁。他是雅典人，是雅典古典时期的公民。当时的雅典非常繁荣，他从小就与当时雅典的学者、名流有很多交往，从小就得到很好的教养。他知识丰富、能言善辩，因此有的人也把他称之为智者，但是他自己拒绝这个名称。他不收费，他只是到处去找人谈话，去辩论，等于是白讲，免费地教育雅典公民。路上碰到一个人他就抓住，就要问他几个问题，所以好多人都怕他，都躲着他。他不收费，他称自己只是"爱智者"，他是低姿态的。每天在大街上赤着个脚，光着个头，跟一个叫花子差不多，看他那样子就像个叫花子，他是非常低姿态的，他认为自己是最蠢的，没有任何知识，所以他只把自己称之为"爱智者"。他做的事情，他认为自己的使命，就是要用理性的逻各斯和精神性的努斯来刺激人、启发人，不断地找那些人说话，特别是年轻人。也许是因为年轻人游手好闲，还没有到达承担家务的年龄，有的是时间可以陪他不断地聊。他整个一生都在辩论中度过，但是他最终触犯了保守势力。当时城邦的一些保守势力，因为苏格拉底这个人凭理性、凭逻各斯，难免就要触犯到一些传统的习俗，破坏了对神以及传统习惯的信仰，比如破坏了家庭的这种家长制纽带。所以人们后来就把他告上法庭，说他犯了两宗罪：一个是败坏青年；第二个是不敬神，判他死刑。当时判他死刑，他本来可以以变通的方式逃避法庭的判决，他的朋友已经都帮他处理好、安排好了，牢里面那些看管他的人也被买通了，让他可以逃跑，或者他交一定的罚金也可以免除他的死刑，当时有各种门路可以保住他的命，但是他不愿意。他认为作为一个雅典的公民，应该服从雅典的法律，我采取任何手段逃避法律的制裁，这对雅典的法律来说都是一种亵渎。所以他就在发表了他的长篇演讲以后从容就死，喝下了毒酒。这就是那个很著名的故事——苏格拉底之死。

苏格拉底所讨论的问题主要是围绕着灵魂问题，所以我们首先来看一看他谈的第一个话题，就是灵魂的合目的性。什么是灵魂？灵魂有什么特点？这首先就是灵魂的合目的性。苏格拉底早年受自然哲学的影响，有丰富的自然知识，但是他对自然知识很不满足，他认为自然知识没有办法解决万物运动的来源问题。我们前面已经讲到了自然哲学，那么多人，一个一个探讨，最后是阿那克萨哥拉提出来努斯，才算是把这个问题平息下来。但是阿那克萨哥拉仍然没有解决这个问题。所以早年苏格拉底听说阿那克萨哥拉有一个努斯学说，就很高兴，想到这一下大概可以解决我的困惑了，就抱着很大的希望去读他的书，结果读了以后大失所望。他发现阿那克萨哥拉并没有解决自己的问题，他只提到努斯是推动和安排了万物，而没有具体地说它是如何推动和安排万物的。一旦涉及到具体事物的解释，这个事物为什么运动这些问题，他就援引那些偶然的自然条件来加以解释。这个东西为什么运动啊？是因为它受到了别的东西的推动。别的东西为什么运动啊？又受到了第三个东西的推动。还是日常的那种解释，这使他很失望。

苏格拉底认为，既然努斯是安排这个世界的，安排得有秩序，那么这种安排就应该是有意的、有意图的。有意的也就是有目的的，应该把目的性引进来。你说努斯推动万物，如果没有目的性，那叫什么推动万物呢？那还是一种机械的碰撞嘛！那么这种目的性里面必然会有一个概念，那就是善，或者说"好"。凡是有目的的行为，都是把它的目的看作是"好"的它才去追求嘛，没有人会追求一个坏的目的。凡是追求一个目的，总是说这个目的不管怎么样它终归是好的，是善的。所以他讲努斯在安排事物的时候会将每件事物安排得恰到好处，如果有人想要发现某个特殊事物的产生、消灭和存在的原因，就必须找出哪一类状态对它最好。所以人们需要考察的无过于什么是最好的、善的。要谈这方面才算是对万物的运动的原因作出了合理的、令人满意的解答。但是阿那克萨哥拉没有提到这一点，他仅仅说努斯安排万物，使得万物有秩序。那么有秩序好不好呢？他不说。所以苏格拉底不满意，他就自己来建立他自己的体系。

苏格拉底认为，阿那克萨哥拉的逻各斯在解释个别事物的原因的时候可以解释得通，具体来说，逻各斯可以解释为万物的规律、万物的碰撞，万物的必然性，这个德谟克利特的原子论里面到处都在谈的东西，可以解释个别自然事物；但是一旦面临解释整个宇宙的因果关系的时候，就陷入混乱了。德谟克利特是最典型的例子，就是说每一件事物都是由原子的碰撞而必然导致的，它碰你你当然就要动啦，一个质量小的原子碰一个质量大的原子，那这个大的原子就动得更慢啦，它的这个速度跟它的这个比例是成正比的啦。这就是一种很机械的逻各斯，一种机械的解释方式。这种方式一旦用来解释整个宇宙，也就是说问一问全宇宙的这些运动是从哪里来的，那这种逻各斯就失效了。所以整个宇宙在德谟克利特那里终归是偶然的。这个运动、传递是必然的，但运动在起源的时候从哪来？这个是偶然的，没办法解释，整个宇宙于是陷入到一种无序之中。它的来源不清楚，运动的来源不清楚，运动要达到什么目的也不清楚，所以没有任何一种目的可以解释这个宇宙中的无数的原子是怎么运动的。所以就完全由必然性变成了偶然性，偶然碰撞。每一次碰撞都是必然的，但是总的来看是杂乱无章的，毫无秩序。

阿那克萨戈拉的"种子说"也是这样。每一个事物的种子都有一定的比例，但是全宇宙却没有任何比例，宇宙整体没有任何比例，它是一片混沌。所以这就说明这种陈旧的逻各斯已经不能够满足苏格拉底的要求，他要求有一种整体上的合目的的秩序，一种好的秩序，要求有一种好的秩序能够从整体上解释整个宇宙是安排有序的。所以，他主张逻各斯本身必须要有某种更深刻的力量，有比逻各斯更深刻的某种关系来安排整个世界，要按照一个确定的目的来安排这个世界。所以逻各斯还要是一种真正的逻各斯，不陷入它的对立面，不是毫无尺度，混沌一片，杂乱无章。但是，如果它要是一种有序的、有尺度的逻各斯，那它就必须要引进努斯，它就必须要把自己看作是努斯手中的一种尺度，或者是努斯完成它的目的的一种手段，一种工具。努斯通过逻各斯使得整个宇宙变成了一个合目的的系统，这个系统把万物都安排成一个有序的链条，从低级到高级，然后日益趋向于最终的目的这样一个链条。那么这个最终的目的同时也是最初的原因，就是动力源，就是动因。因为目的虽然是最后才实现出来的，但是作为动机它是最先的，它是最开始的动力源。所以动力源的问题应该用目的论来加以解释，这就是苏格拉底的思路。

第二讲 古希腊精神哲学的诞生及发展

苏格拉底通过他的切身体会来证明他的这个观点。据说他在判了死刑之后在狱中跟他的弟子谈话。他说我现在就在这里，我不愿意逃出去，是什么原因呢？我之所以没有选择逃出去是什么原因呢？你能解释吗？是不是因为我的骨头和肌肉的构造是这样的呢？是不是因为我周围的空气或者是障碍物等等这些关系所决定的呢？不是的。我之所以选择不逃走，是因为我苏格拉底选择了一种比较好的办法，我认为这样好，我还是不逃走的好。这个并不是因为我的身体结构或者受周围的环境限制决定了我不逃走，而是因为我有自由意志，是因为我的努斯要追求一种好的目的，所以我才不逃走。他现身说法，你们说这个世界上没有努斯吗？我就是由于努斯才坐在这里，由于我的灵魂、我的心灵决定、我的选择，所以努斯相当于人的自由意志。但是他又把这种说法推广开来，说我苏格拉底有这样的一种自由意志，你们在座的各人其实都有。不光是你们在座的有，而且那些看起来并没有自由意志的事物，其实也是由努斯所推动的，比如说自然万物。

努斯是自然万物的最终目的。为了说明这一点，苏格拉底引进了一种自然目的论的说法、一种目的论世界观。他说自然物本身看起来好像是没有目的的，但是创造万物的神却使它们相互之间处在某种合乎目的的关系当中，最终体现出神的目的。这个世界是神创造的，神在创造这个世界的时候是安排得井井有条、有序的，使那些事物相互之间有一种合目的的关系。比如说我们亲眼看到的动物，比如说一头牛，它的胃适合于吃草，它的牙适合于咀嚼，它的眼睛上面有眼睫毛可以保护它的眼珠，它头上有角可以抵御侵犯，等等。这一切都好像是一位研究了动物的利益的明智创造者有意识地安排好了的，他创造出牛来，你总得让牛能够活下来啊，怎么活下来呢？

他就安排它，安排了牛具有这样一些活下来的手段，而且安排得那么天衣无缝。你可以看一下，一头牛身上，没有任何一个地方是多余的，每一部分都有它的功能。人体也是这样，人和其他动物相比好像很弱，没有老虎狮子那样的爪牙，也没有牛那样强大的胃，头上也没长角，无法抵御猛兽；但是神给人安排了，一个是智力，一个是手，一个是语言，这三大法宝使得人成为万物之灵长，人可以直立起来——站得高看得远，眼睛向前方视野开阔，他的手很灵巧，他能做任何事，制造各种各样的东西。还有就是语言，语言使人具有理性的灵魂，这是人高出于任何动物之上的地方，人有语言，人有理性的灵魂，这就使人接近于神了。因为神也就是一个最大的最高的努斯，人有理性的努斯，那么人就接近于神了。人具有努斯也是神所安排的，为什么要安排呢？为了使人能接近于神，相信神、信仰神、认识神，使人能够崇拜和供奉神。由此就说明整个宇宙都被组织在一个从低级到高级，最后趋向于神的这样一个目的系统之中，构成一个目的系统。

  所以我们说苏格拉底是西方历史上用目的论来解释万物的原因的开创者，是目的论思路的开创者。但这种目的论还是粗糙的，建立在猜测之上，唯一确凿的证据就是他自己的自由意志，然后他把这个自由意志通过类比推广到宇宙万物和神身上去。他说："在你身体中的心灵，是随它高兴地指挥着你的身体的，因此你应该相信那遍布于万物的理智是指挥万物使之对他觉得合适的。"这就是一种类比了。因为每个人都有个灵魂嘛，都有自由意志嘛，所以你也可以设想万物都是由一个神在支配着，按照一定的合适的目的而创造出来的。此外，苏格拉底的这种神不仅是粗糙的，而且是一种外在的目的论，就是说万物都是由神所安排的，由一种外在的神把目的强加在万物的身上,而不是万物出于它们内在的本性自动地趋向一个目的。后面这种观点是后来亚里士多德提出来的。亚里士多德认为,万物的目的并不是由外在的神强加给它们的,而是万物的本性。万物都有目的,万物自动地趋向一个最高目的。当然你也可以说这最终是由上帝,由神赋予他(它)的这样一种本性,但是万物的本性就是要趋向于最高目的。这一点被承认了,所以在亚里士多德那里,这种目的论变成了一种内在的目的论,这我们后面还要谈到。在苏格拉底这里仅仅是一种外在的目的论。

尽管有这样一些缺点,但在当时,他的说法的确化解了自然哲学家的最大的困境,这就是对于运动来源问题的解决。运动从哪里来?你说机械碰撞、机械力、传递运动,它总得有个动力源吧!它最初从哪里来的?苏格拉底给了一个解释,不管这个解释对不对,可不可信。运动的动力源一旦得到解释,整个宇宙整体的有序性问题也就得到了解决。宇宙整体是有序的,而不是混乱的,不是杂乱无章的,是因为神觉得这样更"好"。所以他是借助于普罗塔哥拉的人本主义的命题——人是万物的尺度,由此将全部的宇宙观都提升到了精神哲学的层次,借助于人的主体性把宇宙观完全提升到了精神哲学的层次,整个宇宙都是有目的的,都有一个好的目的、善的目的。好或善肯定是精神性的,大自然本身无所谓好不好,坏不坏,只有人才能够说它是好的。当然这都是以神学的方式出现的,但是与以往神学不同,他更新了神的内容。

这个神是一个理性的神,他以善的目标作为一个秩序来统一整个宇宙,这跟古希腊人相信的神话里的那些神是完全不同的。所以当时的雅典人很不习惯,认为他是亵渎神灵,认为他是不信神的。其实他有他自己的神,苏格拉底承认的是"理性神"。所以神学在他那里不再是一种盲目的崇拜，而是有关人的精神生活的一门学问。宗教崇拜变成了一门"神学"，这应该是从苏格拉底开始的，把关于上帝、关于神的观点变成一门学问来解释整个宇宙万物，而这门学问的尺度——逻各斯也不再只是一种自然规律，而包括有价值，比如说好、善、合适以及美这样一些原则。所以当逻各斯被移植到努斯的基础上来的时候（以前的逻各斯还没有意识到自己的努斯基础），当它放到努斯的基础上面来的时候，它就变成了一个人本主义的尺度，成为人自身的尺度，它不再是一种外在于人的尺度。外在于人你就得遵循了，逻各斯就是你的命运，你不能够违抗。但是，经过苏格拉底这样一解释，逻各斯就是人自己的尺度，所以他对后世西方哲学中的人文精神的发展提供了一个基点。

（三）新的逻各斯学说的创立——积极辩证法

刚才讲到苏格拉底发现巴门尼德的逻各斯是低层次的逻各斯，它只能导致偶然无序的世界整体的观点。要使整个世界得到一个合理的安排，必须上升到一种新型的逻各斯。下面我要讲的苏格拉底的贡献，就是创立了一种新型的逻各斯，体现在苏格拉底的认识论和辩证法之上。

苏格拉底使逻各斯成了人自身的一种尺度，但并不否认苏格拉底的灵魂学说的基础仍然是认识论的问题，是人本主义的逻各斯，不再是机械主义的逻各斯；但人本主义的逻各斯还是建立在理性、认识论、真理的探讨之上的。一般认为，过分强调认识论就把人本主义的其他方面，比如美、善这些方面忽视了，但在苏格拉底这里，他并没有忽视，他强调逻各斯应该是善的逻各斯、美的逻各斯，但他还是从认识出发来建立的，他的人本主义的倾

第二讲 古希腊精神哲学的诞生及发展

向还是从认识论入手，还是古希腊的科学主义、科学精神的传统。那么，他是如何入手的呢？

善和美的问题都必须由认识而得到解决，就努斯本身而言，它是理性的认识能力。努斯是一种理性的灵魂，理性的灵魂就是超越甚至拒斥感性的能力，它能超越感性、拒斥感性、摆脱感性的束缚，所以它是一种理性认识能力。他说："我害怕我如果以眼睛看着事物或试想靠感官的帮助来了解它们，我的灵魂就会完全变瞎。"苏格拉底是很瞧不起感官的，感性的对象遮蔽我的灵魂，他说："我想我还是求援于心灵的世界，并在那里寻求存在的真理。"所以我们说，他的基础是一种理性主义的认识论。

理性主义认识论不是他第一个提出来的，以往的像巴门尼德这些人也是理性主义者。但他跟巴门尼德这些人不同之处在于，他不是依据现成的逻各斯。巴门尼德是依据现成的逻各斯，比如巴门尼德讲，女神按照逻各斯引导他进入到真理的大门，在人之外有女神帮助他引进逻各斯。但是苏格拉底是凭借着努斯自身能动的自我超越性，而从感性上升到理性的逻各斯。他不是天上掉下来一个逻各斯、一个理性，而是从感性不断地上升，从意见上升到真理，从"多"上升到"一"，因此他的理性主义认识论体现为一个追求的过程。努斯表明了一种追求的力量，追求的冲动在苏格拉底这里最明显地体现出来了。他认为认识论是一种追求的过程，是不断地运用逻各斯进行对话、谈话、辨析、去假存真，进到更高的逻各斯，这就是辩证法。下面我们就来看看辩证法。

辩证法在希腊文里面是 Dialektic，前面的 "Dia" 就是"通过……之间"的意思，"在……之间"，"借助于……"。"lek"（leg）就是逻各斯（logos）的词根，就是说话的意思。"在……之间说话"，那就是谈话、辨析，所以辩证法最初的意思就是进行谈话。

以逻各斯来引导我们提问和回答，这是辩证法的本意。我们中国讲辩证法很多，从小学、中学就讲，但我们很少有人从它的词源方面来做这样的理解，辩证法其实就是问答法、两个人之间谈话。

苏格拉底的辩证法最主要有两个特点。一个是在讨论中进行甄别，进行辨析，也就是要在辨析中发现矛盾、揭露矛盾，辩证法的意思就出来了。光是讲"谈话"，可以是饭后闲谈；但他们的这种谈话是非常执着的，一定要在逻各斯的里面发现矛盾，并且把矛盾揭露出来，把它凸显出来使之尖锐化。另一个特点是，仅仅凸显出矛盾还不够，还要通过对矛盾的揭露找出一致同意的论点，并以此为基点提出原则性的问题，再去发现新的矛盾。矛盾要达到统一，要找到对话双方一致同意的论点。尽管有矛盾，但还要找到一致同意的论点，以便提出更带原则性的问题，再去发现新的矛盾。这是一个追求的过程，一步一步地向前推进，最终达到永恒的真理，最终找到一条永远站得稳的原则。我昨天曾经讲过"苏格拉底和孔子言说方式的比较"[①]，苏格拉底提出"一条原则要永远站得稳"，也就是说要有普遍性，无一例外，有一个例外就把你推翻了。普遍性是不容易找到的，人家找一个例子就把你推翻了，那就不行。所以你要很精密地通过推理层层推进，找到一个原则性的问题，提出一条永远站得稳的原则，最后达到概念，给出它的定义来。

下定义有很多种方式。我们通常下定义就是举例子：什么是美德？美德就是男人善于治理国家，女人善于管理家庭等等，这个就不是真正的定义了。中国人习惯于举例说明式的解释，对于什么是

---

① 指前一天在西南政法大学"西政论坛"上以"苏格拉底和孔子言说方式的比较"为题做的讲演。

美德，大家可以举很多例子。这都是经验的方式，不算是严格意义上的定义。严格意义上的定义就一句话：A 是 B，或者 A 是什么什么的 B。就一句话，种加属差，而且它永远是站得住、放之四海而皆准的。那么辩证法的最终目的是通过揭露矛盾找到一致同意的原则，最后得出一个概念的定义。这是它的目的，它的手段就是进行辨析发现矛盾、揭露矛盾，当然这个里面包含有归纳的因素。苏格拉底通过对方列的很多例子，然后从这些例子中找出一种共同东西，这当然是归纳，是不完全归纳的一种方式。但我们能不能从这些例子中，找到一个适用于所有例子的概念呢？很多人认为苏格拉底这里是提出了一种归纳法，有人甚至把归纳法追溯到苏格拉底。但是一般的归纳法并不需要发现矛盾，只要发现差异就够了。归纳法举的例子，不一定是矛盾的，只要是不同的就够了，只要有差异就够了。在差异里面找共同之点，找出共同之点就可以得出一个相对普遍命题。归纳法具有相对普遍性，却并不具有必然性。

但苏格拉底不是这样，不是找到共同点，然后求同存异；相反，苏格拉底要找出矛盾，矛盾是不可共存的。差异是可以共存的，"求同存异"嘛！而矛盾是不可共存的，是非解决不可的。在辨析中如果找到矛盾那就值得庆贺，不要看到矛盾就害怕。其实找出矛盾是最好的一个途径，那就接近真理了，如果能列出矛盾来就好办了，就可以排除了，因为矛盾不可共存，是非解决不可的。所以苏格拉底这样的一种讨论具有不可抗拒的逻辑必然性，产生一种向前的推动作用。出现矛盾，非解决不可，这就表明努斯精神在里面，有一种超越性的冲动，它在里面鼓动。一般的归纳法是不需要努斯精神的。你知识面广，找出许多不同的例子来，我们把这些例子不同的方面筛选掉，剩下共同方面，那很简单。有不同方面不要紧，共同方面更多一些，我们可以这样说。但是如果发现矛盾,就不能说矛盾双方都可以并存。努斯的这种力量就表现在这里。不得不承认,它有一种必然性。

　　这也是苏格拉底的逻各斯高于以前逻各斯的地方,甚至高于智者派的逻各斯。智者派逻各斯是陷入了相对主义,找出了矛盾,但他不知拿这矛盾怎么办。所以要么就承认矛盾双方都是对的,像普罗塔哥拉;要么就说矛盾双方都是错的,像高尔吉亚,认为所有的逻各斯都矛盾,所以都是错的。苏格拉底高于其他的逻各斯的地方就在这一点,他把逻各斯的这种矛盾纳入到了努斯精神的寻求过程之中,发现矛盾、解决矛盾,推进逻各斯本身,变成了这样一个过程。所以苏格拉底的对话并不是无所谓的,只是显示一下自己对话的技巧,然后收点儿钱,他也不是达到某种利益,或者经济上的或者政治上的好处,而是对人的理性来说,它是生死攸关的。这些问题对每一个有理性者来说都不可逃避,它触及人的灵魂。所以跟苏格拉底对话,你不要以为他只是能言善辩,巧言令色,他不是这样的。他把你的灵魂从根本上震动了,把人引向对于万物从低到高这样一种等级秩序的真知识,他不断地从低的层次引向高层次,也就把你对万物低层次的知识引向高层次的知识,他能够做到这一点。这个知识体系的顶点就是最高的善,也就是神。神就代表最高的善,知识的顶点就是关于神、关于最高的善的知识。所以,其实苏格拉底的对话并不败坏青年,而是有益于人心的改善,有益于道德的。

(四) 知识即美德——努斯的超越性

　　我们为什么说苏格拉底造成了希腊哲学的伦理学转向?就是因为他的对话最终目标指向了道德。任何人由于有一个理性灵魂,所以在获得了他所教导的那样一种知识以后,就不能不向善。因为它有一种不可抗拒的逻辑必然性。你如果有理性，并且运用你的理性，你就会跟着他走，不可抗拒，不可能不向善。这是苏格拉底的一个信心，凡是有理性者都会一步一步地走向善，只要他敢于运用自己的理性。他如果被某些东西遮蔽了，这是暂时的。可以启发他们，运用精神的"接生术"帮助他们把善的理念一步步揭示出来，他们肯定是要走向善的。所以，走向善，这是有理性的人最符合他本性的一条道路。人有理性，那么理性必然会引导他走向善。所以他提出了著名命题："美德即知识。"苏格拉底从来不搞道德说教，说你应该怎么怎么样，如果不这样，你就不是人，是禽兽。他不是这样，他总是循循善诱，从凡是有理性的人都能接受的、最起码的、哪怕是最低级的、最初看起来很不怎么样的一些命题出发，比如说：人的幸福。人们认为什么是善？当然，财产、财富、健康、金钱、幸福、美满这些东西是善，他承认。但你有理性，你会继续想下去：什么是最高的善？知识！你有健康但没知识，那就不会用，你也许会把健康用到别的地方去，给自己招来灾祸；你有财产，但把财产用到乱七八糟的事情上去，浪费了财产，都得不到幸福。所以，真正的善、美德应该是知识。知识是最好的，它指导你如何运用你的理性，如何使你的理性一步步地接近善。

由此可见，苏格拉底的辩证法引入了努斯的能动性和超越性，这就是他不同于智者派那种消极的辩证法的地方。黑格尔把智者派的辩证法称之为"消极的辩证法"，就是因为他们陷入到了相对主义和怀疑主义，没有一个共同价值标准。但苏格拉底由于引入了努斯精神的能动性，所以他已经上升为一种"积极的辩证法"。这个高度显然只有通过对人自身的、更深层次的理性加以反思才能够达到。智者派借助于外部事物的逻各斯进行反思，而从外部回到人的主观，回到了人内部，发现人的逻各斯是万物的一个尺度，这是他们的一个功劳。但是智者派并没有对人本身进行进一步反思，智者派的反思只是停留在初级阶段，他们停留在认为外部世界、万物的规律、逻各斯的必然性实际都是人的尺度所定下来的。但人是什么？对人能不能加以反思？他们却不回答。苏格拉底对人的逻各斯进一步加以反思，发现逻各斯如果不是掌握在努斯的手中，如果没有努斯的目的性和最高目的，那么就无法摆脱支离破碎的、自相矛盾的困境，它就还不是一个真正的、彻底的逻各斯。逻各斯精神追求"一"，现在把它变成了分崩离析的东西，那它怎么能够达到一呢？所以要援引努斯精神，在矛盾中努力达到"一"，才能把逻各斯从这种自相矛盾的困境中拯救出来。真正的逻各斯是以人心中更深刻的原因作为根据的，必须对这种根据加以追溯、加以认识。

苏格拉底有一句名言——"认识你自己"。这句话不是他提出来的，而是德尔菲神庙上面的一个题词，在他之前就有了。但苏格拉底强调要认识你自己，他将此作为自己认识论的首要原则。认识论首先就是要认识自己。认识自己并不是只知道自己的名字，也不仅仅是能够自我控制，而是要先察看人作为人的用处、他的能力是怎样的，也就是了解自己的认识能力以及使命。所以，它是一门知识的知识。"认识你自己"就要对自己的能力和使命加以认识。人有理性和灵魂，他的灵魂是为了什么而有的呢？上帝是为什么而给了他一个灵魂呢？这就是对知识的知识加以探究。人有了理性，有了灵魂，就会有知识。当然，人的理性和灵魂本身的知识是人最应该去追求的。但是这种知识的知识并不是现成摆在那里的，让人去拾取，而是要人自己去探索，去超越现有的知识，不断地去寻求，这是一个无限的过程。正因为它是一个无限的过程，所以每一步都不能自满。这就是苏格拉底名言所表达的——"自知其无知"。我知道我是什么都不知道，但是因为什么原因我什么都不知道呢？因为跟我应该知道的相比而言，我知道得太少，所以"自知其无知"。"自知其无知"有二层含义：一方面是说，凡是自以为知道一些什么的人，特别是那些自以为什么都知道的人，其实是最无知的，因为他们不知道自己无知，这是最大的无知。真正的知识首先就要知道自己无知。德尔菲神庙上面的神谕说苏格拉底是全雅典最聪明的人，意思就是说他知道自己无知，他是唯一知道自己无知的人。所以知识的知识跟一般的知识是不一样的，是最高层次的知识，是一种自我反思的知识或者说自我否定的知识。有知识而不知道自己缺乏知识的人，其实是无知的。知道自己缺乏知识就已经具备了追求知识的根基、前提，也就有了追求更高知识的目标和冲动，一种动力。我知道自己无知，就拼命去追求。

这和东方的"自知其无知"是不一样的。孔子也讲，"吾有知乎哉？无知也，有鄙夫问于我，空空如也。"他知道自己无知，但他没有说：我知道无知就要去追求，他认为不必追求。我"叩其两端而竭焉"——只要知道怎么治理国家，小民百姓的那些知识就都在里面了。荀子也讲："唯圣人为，不求知天"，庄子更讲："吾生也有涯，而知也无涯；以有涯随无涯，殆已。"意思是，知识是追求不完的，我们不需要去追求。苏格拉底的无知是追求知识的动力，正因为"自知其无知"，所以有一种强大的好奇心。小孩子的好奇心是最强烈的。所以西方的哲学，前面我们已经讲了，起源于惊异、惊奇。惊奇就是自知其无知。如果知道了，他就不会惊奇了，正因为他不知道，所以惊异。惊异是一切知识的动力，这是第一层的含义。

第二层含义就是说，这样一个追求更高知识的过程，恰好就是人的理性无限超越的上升过程。在这个过程中，人的智慧虽然是在构成理念，但它和神的智慧相比算不了什么。人是有限的、无知的，所以任何时候一个人都不要自以为有了完备的知识，而是要不断地反思和辨析我们已经获得的知识，通过揭示其中的矛盾而提高自己的思维层次，去不断获得新知。这种对旧知识加以反思、怀疑和批判的思维方式，和孔子讲的"温故而知新"是完全相反的。孔子仅仅是对过去的知识加以温习，就知道了新的东西。但是，苏格拉底却认为要对过去的东西用辩证法来加以辨析。不断怀疑和批判，发现它的矛盾，思维层次才能提高，才能从中发现新知识，越来越接近于最高的完善。所以苏格拉底的对话有很多是不作结论的，在他看来，这一点儿都不奇怪，没有结论很正常。人又不是神，怎么能什么都知道呢？但问题就是要在这种讨论中提升自己的思维层次，要在过程中、在努力中有所获得。他所有的对话这一点都很明确，有的有结论，有的没结论，但是不管有没有结论，他都是强调要有所提高，要比以往知道得更多。由此导致了苏格拉底在对话中完全谦虚的态度，在绝大多数的场合，他只是提出问题，让对方去解答，然后根据回答再继续提问。这种谦虚不是装出来的，实际上包含着一种大智慧。他的智慧就在于善于提问，善于抓住问题，看起来好像是被动的其实是主动的，能够把谈话引向一个越来越清晰的方向。他对问题的答案不是预先设定的，当然也有他的预料，但他不说出来，不说出来是为了尽量让对方把答案说出来，发挥对方自由，发挥对话的魅力。这样才能印证他所想到的并不是他主观独断的，而是每个人的理性都可看到的、都可以发现的普遍的逻各斯。

这就是"精神的助产术"。逻各斯是每个人主观的东西，同时又是普遍的客观的原则，通过这种对话就显出来了。虽然每个人都只能通过自己的灵魂去把握逻各斯，但通过对话的方式表明它是普遍客观的，不是你主观的，不是你的个人意见。每个人都可以通过努斯向上的努力，去追求这样的普遍逻各斯的目标。所以这种逻各斯的普遍客观性已经不是以前那种自然的客观性，而是在语言层面上所建立的、所发现的一种精神的客观性。以前的逻各斯被理解为自然的规律，或者是不可抗拒的命运，法律也是宙斯所制定的，一种客观的、限制人的、他律的东西，现在在苏格拉底的这样的语言层面上就成了普遍自由和自律的逻各斯、一种精神客观性。

当然，苏格拉底在这样的一种谦虚后面也有一种自负感，一种使命感，即总觉得自己是神派到雅典来启发人民的一个特使。他有这样一个比喻，说自己是神派到雅典来的一个大"牛虻"。雅典是一头大笨牛，我就刺激它，让它走得快一点儿。所以他总是以私人的身份去找各种人提出忠告或加以辩论，他认为这样一种行为的动机是出于他内心的一种"灵异"，所谓灵异就是神的声音，神的声音在内心召唤他：苏格拉底啊！苏格拉底！你不应该那样做！这种灵异是他个人独有的一种灵感，所以他经常神神秘秘的，有时站在街上几个小时不动，别人参加宴会喝完酒回来看见他还站在那里，不知道他在干什么。对此医学上面可能有些分析。他的这种个人主义的神秘主义灵感式的状态，实际上表明了西方的心灵哲学在它的初创阶段所具有的一种原始朴素性。

（五）苏格拉底灵魂哲学的影响之简述

心灵哲学在苏格拉底这里刚创立的时候有一种原始朴素性，

就好像是个人的一种特异功能，属于他内心所特有的。至于柏拉图所建立的那种理念世界对于他来说还很遥远。当然他也很想去追求，但他凭个人灵感去追求理念世界还是很遥远的，他只相信他内心的神秘的声音和内心那种不知从何而来的冲动。他不屑于用外部证据来证明自己的逻各斯。外在的证据，比如说柏拉图的理想国，则企图把这种逻各斯变成一种王国，变成一种外在的构架。这个王国当然是人建立起来的，但它建立起一种客观的构架，决定了一个国家应该有什么安排。但苏格拉底这里还没有，他不屑于这样来证明自己发现的逻各斯。在他看来，美德和善是不可教的。我们昨天讲到：美德是否可教，这是他辩论的一个话题。虽然不可教，但可以启发出来，每个人心里都有，可以通过辩证法把美德、善启发出来。所以他的这种行为方式是个人主义的。他也不写书，没留下著作，他跟弟子也只是作个别的交谈，他很少当众演说，除非在法庭上，除非作为议员。但一般来说，他只是个别谈话，一个对一个。所以这种个人主义的理性逻各斯与客观普遍性显得很不协调，好像逻各斯都在他的心里，都是他一个人发现的。苏格拉底之死表明了理性的逻各斯必须形成一种制度，形成一种客观的法则，成为支配现实生活的客观原则，否则个别人的灵异是无济于事的，想通过个别谈话把这种灵异扩展到一个一个人身上去，给他们"接生"，那效果是很差的。因此还是要影响整个社会，影响雅典城邦，用中国的话来说就是"治国平天下"。光是内圣没有外王也是不行的，后来柏拉图把他的内圣扩展为外王，把它变成一个制度。这是柏拉图所完成的一件工程。

在苏格拉底死后，当然还有一些零星的哲学家，因为时间关系，我就不一一讲了，可以提一下的就是麦加拉学派。麦加拉学派把苏格拉底的善和爱利亚学派的存在和"一"结合起来构成一种善的本体论。再一个就是居勒尼学派,把苏格拉底善的理念作感性化的理解,居勒尼学派是伦理学上的感觉论者,伦理学上他们只相信感性,只相信人的幸福、满足。麦加拉和居勒尼都是地名,还有一个昔尼克学派,昔尼克也是个地名。他们把苏格拉底的努斯在日常生活中实现出来,形成一种生活的方式,其中比较著名的是犬儒学派。"犬儒"就是说他们的生活方式像狗一样,但他们在精神层次上是很高的。它的著名代表第欧根尼就住在一个大木桶里,没有房子,居无定所,在街头流浪,跟人乞讨。据说,他喝水开始是用一个杯子,后来看见狗喝水是用舌头舔,发现杯子也可以不要,就把杯子也丢了。在人们看来,他们行为像狗一样,但是他们自己却是引以为自豪的,于是有人讽刺他们说:"你的叫花子袍子就是你的尊严。"我们在此只是简单地提一下这位著名的人物。下面接着讲柏拉图的精神哲学。

四、精神哲学的发展之高峰——柏拉图的精神哲学

在大的阶段上,精神哲学就这三个:一个是智者,一个是苏格拉底,再就是苏格拉底的弟子柏拉图。有人把苏格拉底和柏拉图放在一起讲,也可以。因为柏拉图是苏格拉底的学生,而且苏格拉底的言论主要都由柏拉图记录下来。有人考证,早期的记录较忠实于苏格拉底的思想,但后期的记录就是柏拉图自己创作出来的,不一定代表苏格拉底的思想。所以两者之间还有一点儿区别,但是最主要的区别是:苏格拉底是以私人身份个别谈话来改变雅

典社会的，灵魂对灵魂，个体对个体。在柏拉图那里却完全不同。

柏拉图生活在公元前427年到公元前347年，他出生于雅典的名门望族，受过全面的教育,20岁就跟从苏格拉底学习，仰慕老师的道德和学问，成为苏格拉底的高足。苏格拉底之死使他极为震惊，他觉得这太不可思议了：雅典这个民主制的城邦居然会判这么一个道德高尚的人死刑？而且这么多民众都反对他，这从何说起？所以他深入地思考政治问题。他认为这是体制问题，民主制不好。真正要建立的社会应该是贤人、哲人政治，所以他提出"哲人王"。哲学家应该当国王，如果哲学家当国王那就好了，一切都按照善的原则来安排。如果平民百姓个个都可以到公民大会上面发言，那不成体统，肯定会干出许多伤天害理的事情。所以他早年立志要推进城邦的政治改革，他游遍希腊和埃及，学了许多知识，各种宗教流派对他影响都很大。他曾经试图把西西里当作他的试点，三次跑到西西里说服他的学生，希望当了僭主、当了国王的狄奥尼修和他的儿子接受他的政治主张，但是都失败了。最后一次人家把他当奴隶卖了，后来他的朋友赶去才把他赎出来。于是公元前387年他建立了属于自己的学园，在雅典的城边，一个叫阿加德米的地方，所以今天把学院称为Academy，就是从他那儿来的，是柏拉图建立了世界上第一个学园。在那里，他用知识培养人才，不再从政，而是著书立说，形成了自己的体系。学园一直存在到公元529年，延续了900多年，后来被罗马皇帝下令关闭了。

柏拉图思想有个发展过程,早期是阐述和发挥苏格拉底的哲学,中期建立了自己的理念论，晚期对自己哲学的理念论进行全面的修正，所以他的思想呈现出一个发展的过程。这和他学园的气氛有关系，当然也是他思考的结果，但学园中他与弟子有种相互平等讨论的气氛。我们的西南政法大学也是一样，昨天的"西政论坛"上就是这样的一种气氛，谁都可以跳出来说你说得不对，然后要你为自己辩护。在柏拉图学园里面就是这样一种很浓厚的学术气氛，互相商榷。比如柏拉图最得意的弟子亚里士多德，就专门跟他唱反调。柏拉图一方面很器重他，但是又没办法，他是自己的对手。我们可以看到文艺复兴时期拉斐尔的一幅油画《雅典学园》，学园里面有一个老头手指着天，一个年轻人手指着地，指着天的就是柏拉图，指着地的就是亚里士多德。柏拉图向往天上的理念世界，而亚里士多德则比较现实。这是油画上面所反映出来的景象。

那么，总的来看，柏拉图和苏格拉底有一个共同之处，就是力图把智者所打碎了的逻各斯重新复归为一，这是苏格拉底和柏拉图所做的一件共同的工作。我们刚才讲，智者派已经将逻各斯的"一"给它打碎了，每个人都有自己的逻各斯，那就变成相对主义了。为了克服这种相对主义，你就必须把逻各斯重新结合起来，复归为一。靠什么结合呢？就靠努斯，就是要引进努斯精神去贯穿、梳理、提升逻各斯。但是在苏格拉底那里，他只是有一些零星的成果，苏格拉底的"一"只是体现在努斯的一贯不懈地努力超越这样一种精神上面，而没有能够最终形成统一的逻各斯体系。苏格拉底不断地跟人去讨论问题，去辩论，也有一些零星的成果，比如什么是美德，他就得出了"美德即知识"，另外还有一些其他的成果，但是没有把这些成果变成一个统一的逻辑体系。

柏拉图就不一样，柏拉图建立起了一个彼岸的理念世界。像美德啊，像其他各种各样的概念，其实都属于理念，它们相互之间有一种合理的、合乎逻辑的关系，那么它们就构成了一个彼岸的世界。这个彼岸的理念世界，就是统一的逻各斯王国。他建立起了这样一个体系。所以我们首先来看一看柏拉图所建立起来的彼岸的这样一个逻各斯王国，这就是他的理念论。

（一）柏拉图的理念论

自从爱利亚派塞诺芬尼、巴门尼德以来，希腊哲学就努力地要区分感性的领域和理性的领域、意见的领域和真理的领域，在认识论方面，他们要做这样一个工作。有的知识是不可靠的，比如感性和意见；有的知识是可靠的，比如理性和真理。但是，这种认识论上的区分，还是针对同一个世界，就是我们所面对的这个宇宙，我们所面临的这个现实世界。你可以从感性方面去把握它，也可以从理性方面去把握它；从感性方面得出的是意见，从理性方面得出的是真理。但是，这一切总还是针对着同一个世界。

只有阿那克萨戈拉把努斯从这个世界完全分割开来，把它提到了整个世界之外，但是努斯本身并不自成一个世界，它只是现存世界的一个动力。苏格拉底使这种动力成为这个世界中每个事物超出自身、往高处追求的一种力量，但是苏格拉底也没有使这种力量超出世界之外，还是着眼于我们生活的这个现实世界，它的伦理生活应该怎么看；而且他还忽视了对自然事物的深入研究，对于自然界的事物不重视，他只重视伦理、道德，因此他的哲学被称为"伦理学的转向"。苏格拉底始终关注伦理，整个世界怎么样构成起来，他讲得不多。但是苏格拉底表现出一种倾向，就是要通过这个世界变动不居的万事万物来寻求定义，而得到一些永恒的、不变的逻各斯。这个逻各斯至少在自己的领域里面，是与这个世界各种各样的事物不同的一个"一"。他所寻求到的这个定义，和我们所看到的世界是不同的。我们看到的世界是"多"，美德有各种各样的美德，但是美德本身只有一个，只有同一个，各种各样的美德都是因为这同一个美德才成为美德。他已经看出了这样一个区别，就是"多"

第二讲　古希腊精神哲学的诞生及发展

和"一"的区别，而且把这个"一"看作是人的反思、人的认识所真正要寻求的另外一种认识对象。我们说认识对象不仅仅是我们所看到的这个世界的对象，而且是我们这个世界的对象里面所包含的那个更高的"一"，这是另外一种对象。

柏拉图接过这个思路，他的理念论就是这么产生的。这个"一"其实就是理念，"美德本身"其实就是美德的理念，美本身就是美的理念。所以，他提出了理念论。所谓理念，阴性是"idea"，中性是"eidos"。这个名词源于动词，本来的意思是"看"。理念这个词原意是"看"的意思，变成名词之后就引申为"看到的相"，看到的形相。所以很多人认为，翻译为"理念"好像不对，近来也有很多人认为应该把它改一下，不是什么"理念论"，而是"相论"。但是，它的含义当然远远不是我们所看到的形相或者形状的意思，已经引申了，引申为用理性的眼睛去看，不是用肉眼去看，而是用心眼去看。这样看到的"相"就不是一种外部的形相了，我们当然可以把它翻译为"理念"，我觉得这个翻译还是勉强可以的，虽然这个翻译不能体现出它的词源，但是并不会误解柏拉图的意思。

所以，理念这种观念不是感性直观的观念，而是理性所认识到的、具有"一"的统一性的观念。柏拉图认为，感性世界就像赫拉克利特所说的是一个不断流动的世界，不断变化的世界，所谓"万物皆流"嘛。这种讲法是对的，感性世界的所有事物既存在又不存在，即确定又不确定。我们不可能对它形成任何真理，只能形成意见。只有当我们借助于逻各斯，从这些事物上升到确定的定义，借助于逻各斯的超越，从感性的事物、感性的对象上升到定义，才能达到真理。你看到了很多很多马，然后上升到对马的定义：什么是马？有红马、白马、黄马、黑马，你给这个马下一个普遍的定义，我们才能够说有了确定的认识。也就是说，

93

马这个定义是不变的，不管什么样的马都是马，它在所有的马里面使这些马成为了马。所以，它是更根本、更确定的，不因为感性的多种多样而发生改变，它是永恒的。

那么，一切定义指称的都不是个别事物，而是指称这些事物的理念，指称这些事物的"相"（eidos）。个别事物是易变的，不断在变化的，只有个别事物的理念才是永恒不变的。尽管它们看不见，但是却能被努斯思考到、思想到，它们是唯一的真理。所以在这一点上，柏拉图和苏格拉底是一致的。我们要知道美是什么、善是什么、大是什么，只举出一些美的事物、善的事物、大的事物是解决不了问题的，因为这些事物都是相对的。在不同的场合下，与不同的事物相比较，它们就可能是丑的、不善的或者是小的。你说什么是大，我举出一个大的东西，比如巨大的一座山，那只是相对的大，再大的山，相对于地球来说，还是小的。大和小都是相对而言的东西，善和恶、美和丑也是这样一些东西，所以，我们只有深入到它的理念本身，寻求这些"本身"的定义，它们才能够得到确定。所有这些具体的事物，所有美的、善的、大的等等，正是它们的理念才能成为这些具体事物的原因。这些原因超越于任何具体场合，保持始终如一，这才是逻各斯。逻各斯要保持始终如一、始终是一、前后一致，而不为任何具体事物所改变。

反过来看，一切具体的东西，美的东西、善的东西、大的东西等等，都是因为"分有"了这些理念才成为了美的、善的、大的。"分有"也是柏拉图的一个特殊的概念，凡是在西方文献中涉及到这个词，我们就要想到柏拉图。它是一个很独特的概念。就是说，美的东西，比如一匹美丽的母马，之所以我们叫它美的，不是因为它是一匹马，而是因为它里面有美的理念。马也可能不具有美的理念，那就是一匹很丑的马，如果具有了美的理念，那它就是美的了。所以，它是美的事物之所以美的原因。美的事物"分有"了这个美的理念，才能够成为美的事物。

这样看来，所有的现实世界的事物，它们都是这些理念的一个摹本，都是属于这些理念的摹仿。是摹本，而不是蓝本，不是这些理念本身。就是说，一匹美丽的母马，只是大体上相当于美的，但它并不是美本身。它只是以自己的方式，摹仿了美的理念。摹本跟它的原本、它的蓝本，当然是不一样的。蓝本是直接的，而摹本可能就是有一些偏差的，总是相对的，总是在一定程度上摹仿得有些像了，像美的了，我们就说它是美的。但是绝对的美就是理念本身，那就是它们的本体了，是万物的本体。整个世界、整个宇宙从本体上看，都是由于分有理念而构成的。此外，理念还是万物的目的，万物都要摹仿它，万物都在摹仿它的过程中处在不同的阶段，处在不同的层次上面。所以理念既是万物的目的，同时又是万物的共相和类型。美的理念不光是母马，不光是一朵美丽的花，也不光是一位漂亮的小姐，而是所有这些东西所共同具有的共相，一种类型，一种型相。所以有些人建议把理念译为"型相"，具有一种类型的"相"。

因此世界上的万事万物，只要是存在着的事物，都具有自己的理念，也都是因为它们的理念而得以存在。但是它们在等级上是不同的，最高等级的就是善的理念；其次就是精神的事物，精神的事物就是像美德、正义、勇敢、知识等等这些，都是在善之下的；再其次就是那些普遍的种，就是范畴，比如存在与非存在、动和静、同和异、质和量等等；再其次是数学的理念，比如圆、三角形、直线、1和2等等；再往后就是感性事物的理念，比如人和马，我们刚才讲的马的理念，还有石头等等，以及人工制品；最低级的就是排泄物、泥、头发这些东西了，也有它们的理念。

但是柏拉图后来又否认，排泄物不应该有自己的理念，因为太卑贱了，用理念来说明它，实在玷污了理念这个名称。所以在这点上，柏拉图是犹豫的，这恰好暴露了柏拉图的体系有一个致命的弱点。一个什么弱点呢？就是说，凡是那些最低级的事物，就不属于善的理念的统治，因为它们太低级了。然而，这些事物显然还是存在的，你不能否认排泄物还是存在的。既然存在，就应该有自己的理念。所以后来亚里士多德就抓住这一点来批评柏拉图，这也是柏拉图到了自己的晚年被迫转向的一个契机。就是说，柏拉图的目的论和本体论之间有一种冲突，目的论是要立足于伦理、道德、善，而本体论也就是存在论，它却是非道德的。凡是存在的都有理念，但最高的理念又是善，善是一个伦理道德的概念。你要是立足于伦理道德，你就要否定那些不道德的、肮脏的东西的存在性，那么你的善就不具有普遍性，不具有最高的普遍性。要使这个善具有最高的普遍性，那你就要把那些不善的东西也容纳进来，那些丑恶的东西也要容纳进来，那你就不是全善。这是柏拉图的一个矛盾所在。

所以，后期的柏拉图对自己的理念论进行了大刀阔斧的修正。一个是把善转变为一种努斯的、创造性的造物主，善是一个造物主的概念，把它从一种伦理上的目的转变为一种有机体的目的。伦理上的目的是善、是好，有机体的目的就不一定是好了。有机体，比如小爬虫、跳蚤，都是有机体。但是这样一转变，就能够赋予世界一种具有生命的存在，它所产生的不仅仅限于那些善的事物，而是无所不包的事物。所以柏拉图的善的理念后来就被理解为完备性、完善性，无所不包、完备无缺。这跟善的理念就有一些距离了，不一定是道德的意思了，而只是完整性的意思。这是他的一个改进。

另外一个就是给这个善的理念创造世界提供了一些技术性的

手段。他认为自然界的万物都是由几何学上的粒子所造成的，比如说土，是由正六面体造成的；火，是由正四面体所造成的；气，是由正八面体所造成的；水，是由正二十面体造成的……它们之间的关系是几何学的关系。这些地方受到了毕达哥拉斯的一些影响。所以，理念是支配一切的，数的理念支配着自然界的一切事物。造物主按照善的目的来安排，在技术上则是按照这样一个几何学的方式，而不是按照他的良好的道德愿望，使得这个世界产生出来。造物主是通过一种机械的必然性，把自然万物创造出来的。

这些就是柏拉图对努斯的一个改造了，是一个补充。苏格拉底诉之于神的善意，但是没有指出来神是怎么创造这个世界的，那么柏拉图就把机械论引进来了。机械论和目的论结合在一起，创造了整个世界。造物主有善的意志，但是他的手段却是机械论的。这是第一次把机械论和目的论结合在一起的一种尝试，机械论是目的论的现实的手段。所以总的看来，他是削弱了善的道德色彩，而突出了它的生命色彩，突出了努斯精神的生命色彩。这两方面，一个是逻各斯充当一种生命的原则，努斯则作为一种生命的目的，这个目的以逻各斯作为手段来结合成一个巨大的物理系统。这样一来，就使得理念世界创造现实世界有了可能。理念世界本来是高高在上的，但是在晚期柏拉图那里，他试图把现实世界拯救出来。现实世界是怎么产生出来的？就是由理念世界产生出来的，是由造物主产生出来的，通过贯彻一种努斯精神和逻各斯的手段，创造了现实的宇宙。这一点实际上已经向亚里士多德的世界观过渡了。

（二）反思理论的创立与理性的迷狂——"洞喻"与"线喻"

昨天我们讲到了古希腊精神哲学系统中的柏拉图哲学，我们首先介绍了他的理念论,理念论主要是他的本体论。在他看来,万事万物就其真实的本质而言就是理念世界,理念世界决定了现实世界。一切现实世界的事物都是理念世界的模仿,所以理念世界虽然是纯粹理性的一个抽象的概念世界,但是它较现象的感性世界更具本质性。这就是柏拉图的本体论,在柏拉图的论说中,我们的世界真正的存在乃是一种理念的存在,概念和共相要比感性的东西或者殊相更为本质,更加实在。今天我们进一步涉及柏拉图哲学中的认识论,也就是反思理论的建立。我们前面多次提到反思,在西方,反思理论正是从柏拉图开始明确地确立起来的。所提出的标志就是"回忆说",认为人的认识是一种回忆或者回想。并不是说眼睛向外,看到什么就是什么,而是要回过来向自己的内心里面去追溯外界万事万物的根源,这就是柏拉图的回忆说。我们下面介绍一下回忆说。

前面讲到了苏格拉底的"认识你自己",这已经是一种反思的模式了,已经是对象的反身,反过来认识自己,将自己作为一个对象加以探讨。但是苏格拉底的"认识你自己"还仅仅是一种意向、一种冲动、一种灵异,是神在内心的一种召唤。他并未找到从自己的内心过渡到彼岸世界的一个阶梯。这里的彼岸世界就是柏拉图所讲的理念世界,苏格拉底那里已经有了这方面的意识,但是还没有想得十分清楚,即如何过渡到一个理念世界。

柏拉图在这一方面做了很深的研究,一方面是借助于当时在希腊地区流行的奥尔弗斯教,这种宗教从东方吸收了一种灵魂转世的学说。一讲起灵魂转世或者轮回,就会很容易让我们想到佛教。其实在当时的中东、埃及和希腊地区都有着这样一种灵魂转世的观念。柏拉图吸收了这种灵魂转世说,然后建立起了一种带有宗教色彩,也带有一定心理学色彩的先验的唯心主义认识论。这就

· 第二讲 古希腊精神哲学的诞生及发展 ·

是他的回忆说。

回忆说体现在他所举出的一个例子中,这就是"洞喻"或者叫"洞穴的比喻"。所谓"洞穴的比喻",就是柏拉图设想在一个黑暗的洞穴里面,有一批奴隶被绑住双手,面朝洞壁,不能行动,甚至不能回头、转身,然后在洞口有一堆火,将火光反映在洞壁上。在火前面有人拿着一些人物、动物、花鸟、植物等等的模型在活动。那些从小就被绑在洞中的奴隶们只看到洞壁上的那些影子晃来晃去。这就是一般人所持有的"意见"。人们自认为自己获得了知识,但是在柏拉图看来,我们每个人其实都像洞穴里面的奴隶一样,我们所看到的只是一些影子;而且这些影子乃是那些模型反映到洞壁上,因此并非是真实的事物所造成的影子,而是影子的影子。因为那些模型本身就是影子,本身就是模仿外界事物如动物、植物的模型。

柏拉图设想,有一天一个奴隶突然挣脱了他的束缚,回过头来发现,原来墙壁上的那些影子不是真实的事物,真实的事物是那些模型,他曾经所看到的不过是那些模型的影子映在墙壁上,而不是真实的事物。于是这个奴隶就走到洞口前面,发现洞外面还有一片广阔的天地,他进一步向外面走,阳光灿烂,看到外面五彩缤纷的大千世界,他才发现,原来那些模型也是模仿大千世界的万事万物而造出来的,其实真实的事物是外面丰富多彩的大千世界。但是太阳光太强烈了,他最开始的时候不得不眯缝着眼睛,要等到适应一段时间之后,他才能看清楚外面的事物。在他在外面走来走去的时候,他发现万事万物的丰富多彩的颜色都是来自于天上的光线,也就是太阳光。但是他还不能够看太阳,太阳光太强烈了,他于是只能从水池的倒影里面看太阳。等到他适应了光线之后,他终于可以回过头来看太阳。于是发现所有的这些光线都是来自于天上的那轮太阳。看太阳不能持久,只能是一瞬间,但是，即便只是这一瞬间，也给了他足够的领悟。

这就是柏拉图的"洞喻"，在这个比喻中有一个关键词语——"转过身来"或者"转身"、"回头"，他多次使用了这个词，比如说"转身"看到了模型，"转身"看到了洞外的万事万物，然后从地上"转过头"来发现了天上的太阳。这个转身意味着不断地转向，实际上表明了一种反思精神。所谓反思（reflection），从词的表面意思上来看，本来就表明"光线折射"，它是一个光学术语，通常被译作"反射"，表明从光线入射的角度反过去追寻光源。柏拉图在此借助这个词语，是要表明我们在思维中借助感性对象，以反过来追溯它之所以产生出来的根源。所以这个词语在哲学中通常被翻译为"反思"，有的翻译为"反映"，有的则翻译为"映射"，其实表明的都是一个意思。我们讲反思，要追溯它的根源，最早可以追溯到柏拉图的"洞喻说"。他认为只有当我们反思的时候，我们才能把握对象世界的本质。并且这个把握的过程是一个不断上升的过程。并不是反思一次就够了，反思了一次，把握到了更高层次的本质，但是还需要反思，继续追溯光线的来源到底何在，因此是一个不断上升的过程。那么，这一个过程用来说明人的认识，实际上是要从感性对象上面往自己的内心不断地"转身"、"回头"，不断地转向内心，天上的太阳作为理念世界的一种象征其实在每个人心中都有。每个人心中都有一种"理性之光"，所以在看到外面五彩缤纷的大千世界的时候，不要认为这就是真实的事物，要认识到这些事物其实是由理性反映出来的一种现象。那么，它们的本质和规律要到理念世界中去找，对于人来说，要到自己的内心中去找，因为每个人都有理性。

柏拉图认为，人在彼岸世界，在人还未投身做人的时候，他

·第二讲 古希腊精神哲学的诞生及发展·

的灵魂是居住在彼岸世界的。这是灵魂轮回说的一种讲法。在投身为人之前，灵魂已经在彼岸的理念世界认识了天上所有的理念，灵魂和所有的理念混在一起，那些理念其实也不过就是一些灵魂。但是在它降生为人的时候，灵魂就为肉体所遮蔽。因为这种遮蔽，就使得它忘记了天上的知识。既然已经忘记了自己的理念，则他在人世间认识万事万物的时候，就需要外部世界的触发来刺激他的眼睛，比如用肉眼"看"感性事物，而更重要的是要求他的内在的理性有一种反思精神，回过头来转向自己的内心，这其实是一个上升的过程。这就是说，我已经堕落到人世间了，现在我要回去，要努力地攀升，达到理念世界，并且回忆起当初在理念世界中认识到的那些本质性的知识。这个过程其实是一个很痛苦的过程，需要着力去做。一般人愿意过舒舒服服的感性生活，任凭感性的冲动，一辈子都处于理念的被遮蔽中，而达不到真实的知识。只有哲学家有这样一种能动性，有这样一种毅力，拼命地去追求更高的知识，也就是拼命地去"回忆"在未曾降生为人的时候的那些本质性知识。所以，每个人心中都有一种理性和一种知识，只不过他忘记了。因此柏拉图说，"一些知识和学习，无非是回忆而已"。所谓学习，我们原本认为不过是接受外部的多种多样的知识，但是在柏拉图看来并不如此，在他看来，外部的多种多样的知识不过是一种机缘、一种触媒，触发你、引起你去回忆。就像一个老朋友，离开你多年，但是在墙上还挂着一把七弦琴，你一看到这把七弦琴就想起当年这位老朋友在弹七弦琴时候的样子，所以这把七弦琴就是你回想起这位老朋友的机缘。人的感官也是这样，感官是触发你回想起你当年的那些老朋友，也就是你在理念世界跟那些老朋友打成一片的时候所得到的那些知识。这就是柏拉图所谓的"回忆说"、"洞喻"。

101

从这个"洞喻"理论，柏拉图又引出了另外一个比喻，这就是"线喻"。所谓"线喻"就是设想一段线，这段线在柏拉图那里是用来比喻人的知识的。这一线段分为两个部分：一部分称为可见世界，另一部分称之为可知世界。可见世界就是感官的世界，称之为"意见"，也分为两个部分，叫做想像和信念。想像是最不可靠的，是从感官所获得的一些幻觉，或者说是一些不真实的影子，是"水中倒影"、"镜花水月"，这些东西都是想像而来的，并不真实；信念好像是真实的，因为它是看得见摸得着的感性事物，而不再是影子，但是它仍然属于意见。柏拉图将可知世界称为真理，也分为两个部分：一部分是理智，一部分是理性。理智一般表现在数学或者几何学知识上面，这些知识都是从一些既定的公理，比如说欧几里德几何公理，逻辑地推出所有其他的定理。这就是理智。理智是确定的，是真理，但是这些公理本身却是假定的，是假设的，并不需要证明。在欧几里德看来，公理乃是自明的。在柏拉图看来，这样的知识还不够高级，最高级的是理性，这就是辩证法。辩证法就是要将那些未加证明的东西继续往上追溯，追溯到它得以可能的更高的那一种知识。这种四阶段的划分——想像、信念、理智和理性——在一条线段里面呈现出一个不断上升的过程，一个线性的上升过程，从低级到高级的过程。我们可以将这条线段看成一条垂直的线段，有低层次也有高层次。人的认识，就是沿着这条线段从低层次向高层次不断攀升。

这个攀升的过程要费力，要承担痛苦，但是人们甘愿承担痛苦，人的理性甘愿承担此种痛苦，因为它要追求自由。越是到达高的层次，人就越自由，所以柏拉图将这种认识过程比作爱情和生殖力，是一种内在的冲动。但是却不像爱情和生殖力一样是来自本能，而是来自理性，乃是一种理性的冲动。理性就是努斯，柏拉图那里所用的就是这个词。但是什么是努斯呢？柏拉图第一次给努斯下了一个定义，他说努斯就是"绝对的自动性"、永恒的自动性，是一种主动性、能动性。努斯就是能动性，就是不断地往上攀升。往上是需要努力的，所以他讲人的理性就像一只小鸟，拼命地往上面飞，拼命地追求更高的境界，一直飞到它的力气耗尽，心有余而力不足。这个时候，它仰望大千世界，发现有一个更高的境界，这就是理念世界，但是它已经再也飞不上去了，只能够仰望，它能够看到理念世界的汪洋大海，这里较之地下有着多么美好的景色，但是这只是一瞬间，随后它就掉下来了。人的理性就像这只小鸟一样，翅膀是有限的，只能飞到一定的高度，但是只要他尽自己的努力，还是可以看到理念世界的，虽然只有一个瞬间。在这个瞬间中，他可以忘记一切，忘掉了人世间所有好的或者坏的、美好的或者丑恶的，因为他已经看到了最美丽的世界，这个时候，他便处于一种忘我的迷狂状态，这就是柏拉图所谓的"理性的迷狂"。

　　理性的迷狂其实就是一种忘我状态，一种非理性的状态。理性到达它的顶点就是一种非理性的状态，一种迷狂之境。柏拉图有好几种迷狂，有宗教的迷狂、爱情的迷狂、诗的迷狂和理性的迷狂，层次最高的是理性的迷狂，因为这种非理性恰好是经过理性的不断上升、提升而达到的一种境界。理念的世界不是人能够上得去的，只有当人死后，他的灵魂才有可能回到家园。所以说，理念世界是灵魂和神所居住的地方，是纯粹灵魂的世界。迷狂状态是处于现实世界与理念世界之间的临界点上。在这个临界点上，低层次的世界所适用的逻各斯（逻辑理性）已经失效了；但是，高层次的逻各斯又无法达到，所以才处于一种迷狂状态。真正的理念世界是高层次的逻各斯，是人类理性追求的理想。那么，其中的非理性恰好是由于人的努斯精神使人摆脱了低层次的逻各斯，从而造成的瞬间处境。因为人类必受到肉身的束缚和拖累,上不去,所以当达到一定顶点、超越人世间的一切逻各斯以后,就没有任何东西可以依附了,结果就失去了逻各斯,努斯就成为一种非理性的冲动。这是一种极限状态,尽管是非理性的,但还是努斯,我们还是可以把它看成理性的迷狂,即理性的非理性。

由此,我们可以看出来,其实西方的理性精神和非理性精神并没有绝对的对立。从柏拉图开始,在某种意义上,在理性精神中就已经把非理性精神包容进来了,即所谓的理智的直观、理性的迷狂。理智怎么可能直观呢,理性怎么可能迷狂呢?但是在柏拉图这里,理性和非理性恰好结合为一,所以后来的西方理性主义者和非理性主义者都可以追溯到柏拉图这里,找到很多东西。在西方哲学史上,很多非理性主义、神秘主义都可以追溯到柏拉图,理性主义就更不用说了,柏拉图是他们的共同的始祖。

这种非理性的东西在逻各斯、在努斯精神里面,起了一种非常重要的作用,就是一种能动的超越性作用,它使得西方的理性不仅仅是逻各斯、逻辑理性。当我们谈到西方的理性时,不要仅仅局限于逻辑理性,其实在里面有一种超越性的理性的意思。努斯之所以被称之为理性,并不是因为它的逻辑规范,而是因为它能超越感性的世界,达到一种纯粹理性。最高的理性就是一种最高的能动性,在柏拉图那里就称之为神。但是,不是说在世间,不经过努力这种神就可以启示出来的,不是通过顿悟一下就可以看到的,而是要经过艰苦的逻辑理性的探讨,通过范畴的辩证运动,通过不断地运用范畴去推演,通过逻辑理性以及背后努斯精神的鼓动这样一个追求的过程,才能达到神的境界,而且只有一瞬间。人只要还有肉体,就会被它拖下来。当然,也可以期望死后达到那个境界。

这是柏拉图对于认识的一种解释,人的认识其实就是这样一个上升的过程。不像我们今天所讲的认识，仅仅是面对一个认识对象，如果我的观念符合它，那就是认识了。当然也有这一方面的意思，但更重要的是一种反思的过程，不断追求真知，不断追求自由。纯粹理性、纯粹理念世界，事实上是一个自由的世界，不再受到现实世界各种各样冲动的限制，无拘无束。理念世界完全是一个普遍性的世界，所以对它的追求也是对自由的追求。柏拉图的认识论与自由紧密地结合在一起。发展到近现代以来，我们所讲的认识论，认识成为对自由的一种束缚，（知识，科学主义）好像要是认识到了客观规律，那就是对自由的一种束缚了，但是在柏拉图那里还没有这个意思。从这个过程里面，我们可以看出，柏拉图通过认识论引出范畴的辩证运动、推演，所以下面我们要讲柏拉图精神哲学的第三个方面，即辩证逻辑的形成、雏形，还不能说完全形成。我们从前面讲的知道，从苏格拉底开始，就已经在筹建辩证逻辑，在柏拉图这里就已经有相当固定的形式了。

（三）辩证逻辑

在柏拉图看来，理念世界是一个逻各斯的王国，充满着理念，这些理念都是些规范、范畴、抽象的概念，具有永恒性、确定性、不变性。这样一个王国是一个静止的王国，灵魂到了理念世界就可以休息了，不用再追求了，是自由的境界，而人的精神始终处于运动和追求、努力之中，努斯精神需要不断地摆脱感性的束缚而上升。

人的精神世界是一个自由追求的世界，而理念世界是追求到了的自由的王国，但是那种王国是人的精神追求的异化形态。异化形态就是说，凡是自由所追求到的东西，一旦追求到了以后，反过来就会成为一种束缚，成为人不得不遵循的法则。比如说法律，法律是人类自由追求到的东西，又是对人类自由的保护，所以我们要追求它，力求建立一个法治社会，西方的法治社会也是通过公民的自由投票建立起来的；但是一旦建立，对人就有束缚，法律是不讲感情、不考虑具体情况的，只考虑一般，所以就必须服从它，这样就对人有一种压制。当然，这种束缚在西方法理学中，还是要自由地接受的，每一个在自由社会、法治社会中生活的人，都自愿地受这种束缚，否则连起码的自由都没有了。为了起码的自由可以放弃一部分自由，这是西方法理学的一个原理，但是这个原理表明人的自由一旦追求到，对人就有一种束缚，这种束缚一旦达到绝对就成为异化，即自由变成了不自由。

在柏拉图看来，理念世界完全是一个自由的世界，但在旁人看来，理念世界是对自由的一种束缚，因为理念世界把人的所有东西都抽掉了，把人的东西都抽象为神的东西，人在人世间所有的东西都不能被它接受，那就是一个没有人性只有神性的世界，所以理念世界是人的精神世界的一种异化状态。而且这种状态，只有少数哲学家才能达到，一般老百姓的理性没有这么大的强度，只是过眼前的生活，关注物质需要、感性的幸福，只有少数的哲学家才能抛开这一切，拼命去追求那个理念世界、理想。人的自由对异化状态是不喜欢的，后世很多人——比如说教会、某些哲学家——把柏拉图的理念论当作统治工具，基督教教会就是长期用柏拉图这一套理念学说，来论证人们必须放弃人间的生活，放弃人世间的幸福，去追求最高的幸福，结果造成禁欲主义、非人道，这是不能忍受的。但在柏拉图那个时候，这样一种异化是必要的，把人的努斯精神异化为理念世界、高级的逻各斯，在当时是必要的，因为由此理性就摆脱了所有感性的内容，而以一种纯粹理性的形式得到纯粹的考察。理性只有当它摆脱了任何感性的内容、清除了一切感性的渣滓，才能得到一种本身纯粹的考察。只有把纯粹理性抽出来考察，才能发现其中本质性的规律。

柏拉图正是这样才从纯粹理念里面，产生出了辩证逻辑，而逻辑是超越一切感性事物的。当然可以运用于感性事物，但是它本身的规律不是由感性事物造成的。又比如说哲学范畴，是纯粹理性的一些概念，具有绝对的普遍性；而一般的概念的普遍性是有限的，比如说动物的概念、人的概念、马的概念，这样一些经验性的概念的普遍性，都是有限的。范畴的普遍性是无限的。凡是一个概念，如果你能设想它的普遍性是无限的，那它就是范畴。比如说"原因"，你无法设想一个事情没有原因，万事万物都有原因，都有实体、属性等等。所以范畴只有在纯粹的方式下才能够被发现，它们之间的关系也只有在这种方式之下，才能清理出来。柏拉图清理出来的范畴关系，就有这么一些，比如说，存在和非存在、一和多、同和异、动和静等等，这都是些很高层次的哲学概念。并且他从中清理出来的这些范畴，显示出一种内在的规律性，这些范畴不是摆在那里的，而是有一种内在的规律性，都是处在运动和转化之中的。我们刚才举的那些例子，都是一对一对的，都有自己的对立面。在这些范畴纯粹的形式下去考察它们的时候，就会发现有一种向对立面转化的本性、必然性，这是柏拉图所发现的。只有在一种纯粹理性的场合下，才能发现这种规律性。

比如说在柏拉图《巴门尼德篇》——《巴门尼德篇》是柏拉图最著名的一个篇章——里面有关于巴门尼德与苏格拉底及其他人的谈话，里面就谈到了"一"和"多"。"一"和"多"本来是一对对立的范畴，但是当把"一"作为纯粹的范畴加以考察的时候，把所有其他的东西都撇开，就针对这个一来考察这个"一"本身，这时你就会发现它会转化为"多"。如何转化呢？柏拉图先提出的一个命题：假设"一是一"。这是我们对"一"最纯粹的考察，不能说"一"是一个苹果、一头牛，只说"一"是"一"，就针对"一"考察"一"，这是最纯粹的了。在它最纯粹的形式下来考察"一"，你会发现，如果"一"只是"一"的话，那么你就不能给"一"加上任何东西，加上任何东西都是"多"了，就不再是"一"，而是"二"了。所以当你就"一是一"来考察"一"的时候，你不能给它加上任何东西。但是你又说"一是一"，这本身就意味着你已经加上东西了。"一"如果不能加任何东西，你就不能说它"是"，你一旦说它"是"，就有了两个概念，即"一"和"是"。所以说"是"这个概念是多余的，那么你就不能说"一是"，也不能说"一是一"。如果你一定要说"一是一"的话，那么你表达的意思就是"一是多"。因为"一是一"这个命题里面，有一个"一"，还有一个"是"，另外还有一个"一"，当然你可以把那个"一"看成是和这个"一"一样的，但是这个"是"是多余的。当你说"一是一"的时候，你所表达的意思恰好不是"一是一"，而是"一是多"，因为你把"是"加上去了。如果你只针对这个"一"考察，你就不能加任何东西。

所以对"一"这个概念、范畴，就它本身进行纯粹地考察，柏拉图发现有一种向对立面转化的内在必然性，这是非常有启发性的。后来黑格尔就是抓住这一点，发现所有的范畴都是这样。当你就针对它本身来考察的时候，比如说存在和非存在，就存在本身来考察存在的时候，你会发现这个存在其实没有任何其他的规定，表达出来的就是非存在，没有任何规定就是无，这是从柏拉图那里得到启发的。所以，范畴的本性是自否定的，是自己否定自己。同时，反过来也可以证明"多"也是这样，即如果说"多是什么"的时候，也会转化为相反的命题。总而言之，这种自我否定的辩证法在《巴门尼德篇》里揭示得非常深刻。

但是向对立面转化，或者说一个命题的自相矛盾性被这样揭示出来，还只是消极的辩证法。柏拉图在《巴门尼德篇》里提出的还只是消极的辩证法，或者说是一种自我否定性的辩证法，而在柏拉图另外一个晚期作品《智者篇》里面，就提出了一种积极的辩证法。就是说，任何概念如果仅仅是向对立面转化、否定自己，"一"变成不是"一"，"多"变成不是"多"，那只是消极的辩证法，那只是相对主义。那么，如何使这种相对主义变成有积极后果，而不是陷入怀疑、动摇和虚无呢？

在《智者篇》里面提出了一种设想，这种设想就是所谓的"通种论"。柏拉图在其中提出，相对主义是不奇怪的，也没有什么创见或新意，智者学派陷入诡辩，就是靠相对主义。相对主义总会陷入诡辩，就是说任何事物从这个角度看，它是这样一种形象，从另外一个角度看又是另外一种形象，你从正面看它是正面，你从负面看是负面。所以任何东西都有两面，这个是一种常识，没有什么稀奇的。一般普通人都可以达到这样的认识：任何东西都有两面。但是他说："困难而真实的工作在于揭示出另一物就是同一物，而同一物就是另一物，并且是在同样的观点之下"，也就是说你不能从这个角度看是这一面，从另一个角度看是另一面，一个人有优点和缺点。以前我们讲辩证法说是两点，70年代讲一分为二，两点论。有人把它归结为一句口诀："人有两只眼，看东西看两点"，可是这样"看两点"的人应该是散光了。其实我们的眼睛还是应该看一点，柏拉图认为辩证法应该在同一观点之下，另一物就是同一物，同一物也是另一物。不是要你转变立场，转变立场是机会主义，你一下转到这边一下转到那边，这不是辩证法，是"变戏法"，我们在"文革"中间深受这种变戏法之害。

但是真正的辩证法不是这样的，真正的辩证法是自我否定，在同一种观点之下，这就是辩证法。刚才我们讲的"一"就它本身而言，已经不是"一"了，你要真正地考察"一"，你就会发现它就不是"一"而是"多"。比如说运动，以往我们对运动的通常解释就是此时在某处、在另一时在另一处，这就是运动。今天我在这里，明天我到了武汉，这当然就是运动了。这个不算，它只能是表明一种现象。运动的本质呢，就是同一时他既在某处又不在某处，恩格斯在《自然辩证法》里面表达得十分清晰："同一物在同一瞬间既在某处又不在某处"，是在"同一瞬间"。并不是说在这一瞬间在某处，在另一瞬间不在某处，这样说就很简单了，根本不需要辩证法，常识就够了。难以理解的是某物在同一瞬间在某处又不在某处，这个观点是柏拉图解释出来的。

  这段话是关键性的，问题是这样的物在同一处在同一瞬间，它是某物又不是某物，或者说在某处又不在某处，这样的辩证法如何可能？如何可能有这样的辩证法，矛盾如何能够达到真正的同一？自相矛盾如何又能够成立？按照我们通常的观点，自相矛盾就不成立了，但是辩证法认为自相矛盾恰好是能成立的。因为它是在运动中成立的，在转化过程中成立的。那么柏拉图在这里揭示出来的是，对立的概念要达到统一就是运动，寻求一个更高的第三者的运动，寻求一个层次上更高的概念，它就能把这两个概念同时都统一于它之下，在同一观点之下能把两个对立的方面统一起来。这个更高的概念就是所谓的"通种"，也就是能够打通双方的更普遍的种。凡是范畴柏拉图都把它称之为"种"，存在与非存在、一和多、静和动，同和异等等，这些范畴都称之为"种"，也就是普遍概念。范畴是最普遍的概念，当然它是种了。但是种和种之间有矛盾，你就必须设定一个通种，它的范畴更高。比如说动和静，二者不相容，一个东西可以此时动彼时静，但是不能同时是动和静，那么这两个东西如何能统一？柏拉图认为不能在并列的情况下去寻求统一，必须要上升到更高的层次，那就是"存在"的概念，动和静的统一就是存在，存在既是动的，又是静的，存在的概念比动和静的概念更高。所以只有第三者、一个更高的概念才能把低层次的概念统一起来。这就是黑格尔所讲的合题——正、反、合。正题和反题、矛盾和冲突，然后在第三个概念中它们的矛盾得到调和。当然要达到统一，这两个概念必须运动，导致一种向上升的运动，才能找到第三者，也才能找到合题。所以合题是比正题和反题更高的一个命题。

这种辩证法当然在《智者篇》中还没有展开，柏拉图只是提出了这样一个思路、一个方向。后来的人就抓住这一点，大做文章，特别是黑格尔后来把这一点发挥到淋漓尽致，建立了他的辩证逻辑体系。然而，尽管没有展开，柏拉图已经指出了初步的道路，就是说辩证逻辑是越来越由低级趋向高级，并且由努斯精神在其中鼓动、推动，使得对立物结合起来，这条道路就是辩证逻辑。它有一种必然性，如"一"的概念，当你去纯粹考虑它的时候，它必然变成"多"的概念，然后"多"的概念和"一"的概念相冲突，必然需要找一个更高的概念来统一它们，对立面才能结合起来。他已经指出了这样一条道路，就是说辩证逻辑应该是这样一种体系，这个体系跟形式逻辑体系和后来亚里士多德建立的形式逻辑体系不一样。形式逻辑体系是不考虑运动的，是遮蔽了努斯精神在里面的鼓动的，但是辩证逻辑需要展示出努斯精神在里面的作用，它和形式逻辑的区别就在这里。

所以，辩证逻辑是一种自由的逻辑。通常我们说形式逻辑和辩证逻辑是两种不同的东西，但我们没有意识到这一点，没有看到辩证逻辑和人的自由、人的生存方式、人的能动性是紧密结合在一起的。它是一个过程，乃至于它会实现为一种历史，所谓历史唯物主义、辩证唯物主义，我们将它们分成两块来讲，其实不对。历史唯物主义就是辩证唯物主义，因为辩证法就是历史，它是由努斯精神在里面鼓动的。这样一来，整个世界将被纳入一种辩证的考察之中，我们刚才考察的是最高层次的存在和非存在、"一"和"多"这样一些范畴，其实也可以运用到低层次的里面，甚至于运用到日常生活中来。日常生活中，我们对运动和各种层次上的统一都可以运用这种辩证法，只要它们具有一种向上超越的动力。所以柏拉图实际已经暗示出了理念世界和现实世界通过这种辩证法有可能综合为一，当然柏拉图的前提是理念和现实世界是分离的，是两个不同的世界，是彼岸和此岸，不可逾越。但是他已经暗示出了这样一种思路，就是通过辩证法我们可以把理念的世界和世俗世界（即现象界）贯通起来，形成一个由低级到高级的体系。但是由于柏拉图的前提是两分，把这两个世界分立，并没有把这两个世界打通，这就有待于亚里士多德来完成。所以我们认为，和柏拉图相比，亚里士多德的贡献就在这里，就是他打通了柏拉图的理念和现实世界，使哲学真正变成了一个"形而上学"体系，能够指导我们一切的研究，包括数学、物理学和现实的生活。这种哲学可以指导我们的一切事情，虽然它是形而上的，但它是科学，我们的一切现实的科学都可以在它那里找到根源。这个和柏拉图是不一样的，柏拉图的两个世界是不相通的，所以我们讲的第三讲，就是古希腊形而上学的建立，这就过渡到亚里士多德了。

第三讲

精神哲学之集大成——亚里士多德形而上学

亚里士多德的哲学就是形而上学（metaphysics），这个当然不是亚里士多德提出来的，是后世的学者在编纂那些手稿，在编完了物理学之后，把剩下的那些内容更抽象的手稿和作品编为一册，称之为《物理学之后》（metaphysics）。我们前面讲到，他并不是在物理学之后顺便再谈一些话题，而恰恰是超越物理学的意思，是一种更高层次的、更基本的原理。

亚里士多德（前384—前322年）是柏拉图的学生，他的名言"吾爱吾师，吾更爱真理"，这个大家应该都知道，就是他和柏拉图关系的一种经典表达。我们前面提到拉斐尔的油画《雅典学园》，这就是讲柏拉图和亚里士多德争论的场面：柏拉图手指着天，亚里士多德手指着地，就是要把天上的东西拉到地上来，指导我们的现实生活。所以和柏拉图相比，亚里士多德是现实主义者。他的思想当然还是沿着柏拉图奠定的方向继续往前走，但是走到一定阶段的时候就自否定了，也就开始否定柏拉图了。他的方向是推动柏拉图哲学纯粹化的方向。柏拉图的精神哲学——我们前面讲到——是从自然哲学中跳出来、摆脱出来，专门谈精神，并且使理性变成了纯粹理性，这是柏拉图指出的一个根本方向。那么亚里士多德就是沿着这样一个大方向往前走，这个纯粹化就是要从感性事物超越上来，这一点亚里士多德也是这样的。不能说亚里士多德是一个现实主义者就不超越了，他就退回到自然哲学中去了，而是说，他继续往前走，走到极点。

他在两个方面超越了柏拉图。第一个方面，他真正实现了哲学的纯粹化。我们刚才讲柏拉图把哲学弄得已经非常纯粹化了，理念世界完全成了另外一个世界，是超越现实世界的一个彼岸世界，那很纯粹了，和我们的现实脱钩了。但是亚里士多德认为还

· 第三讲　精神哲学之集大成——亚里士多德形而上学·

不够，他才真正实现了哲学的纯粹化，而且划定了哲学和非哲学的界限。第二个方面，他理清了理性世界和感性世界的关系。超越感性世界还不够，还要弄清楚理性世界和感性世界的关系，它是什么关系，你回过头来还得把关系理清。柏拉图没有讲清楚，他只是划出来了一个此岸和彼岸，但是它们之间究竟有什么关系讲得就不清楚。

而亚里士多德则把所有的知识分成三个层次：一个是感性世界的层次，这就是物理学；一个是数学，是介于其间的；更高的才是"第一哲学"，就是纯粹哲学或形而上学。哲学是高于物理学和数学之上的，数学在中间起一个搭桥的作用，但是数学还不是哲学。柏拉图在很多时候就把数学当成哲学，这是他没有划清界限的地方，但是亚里士多德认为不能把数学代替哲学。划清这样的界限后，亚里士多德的哲学就成为指导经验的一门科学。这在柏拉图那里是做不到的，柏拉图晚年有一点儿朝这个方向努力的趋向，但是真正实现的是亚里士多德，他主张用哲学来指导我们的经验科学，来促进我们对经验科学的本质的认识，这是亚里士多德所做的一个庞大的工程。在亚里士多德的《物理学》、《论灵魂》、《动物学》、《植物学》等著作里面实际上都是用一种更带本质意义的哲学来指导的，这个是亚里士多德比柏拉图成就更大的一个方面。亚里士多德更加渊博，他关注一切知识，天上、地下、动物、人体、灵魂、地理、历史、哲学史等方面的东西尽收眼底，所以人们常说亚里士多德是古代的百科全书，或者说亚里士多德是古代百科全书式的人物，在现代只有黑格尔能和他相比——黑格尔的《哲学百科全书》那也是无所不包的，囊括了当时所能了解的所有知识，亚里士多德在古代也做到了这一点。他的著作有400多本，如果把他的学生编写的著作也算在一起有1000本，当然大部分失传了，有些重要的东西留下来了。所以说亚里士多德的哲学是从天上落实到了地下，立足于现实生活，他指着地下也就是说根基在地下。

一、对柏拉图理念论的批判

　　首先我们看看亚里士多德对柏拉图理念论的批判。理念论是柏拉图哲学的一个基础，而亚里士多德正好是在理念论上对柏拉图进行了深刻的批判，根据我们刚才讲到的，这个批判分为两个方面。
　　一个方面是他从里面彻底清除了非理念的成分。柏拉图的理念已经是很纯粹的理性了，但是在亚里士多德看来还是不纯粹，在理念论中还有非哲学的成分，有经验的成分也有数学的成分。亚里士多德认为数学是非哲学，经验的概念也并不是理念，但这些都混杂在柏拉图的理念中，冒充理念。例如说柏拉图的理念中有各种数的理念，有"马"的理念、"床"的理念，甚至有排泄物的理念，这些东西都是很低层次的，但为什么都把它们说成是理念呢？理念应该是一种无限的概念，就是范畴，真正的理念应该是纯粹的理念，高级的理念就是范畴。就是说每一个理念都是无限的，都应该具有最大的普遍性，放之四海而皆准。比如我们举的因果性、实体性，这是我们要科学地对待事物所必须寻求的。你要寻求它的原因，确定它的实体，规定它的属性，这就是科学，这些范畴才是哲学范畴。至于什么马啊，种和类的概念，动物的概念，生物的概念，人的概念，这些都是带有经验性的，所以是非哲学的。那么这个数学也是一样，数学也是非哲学的，还没有达到哲学的层次。柏拉图把大量关于数的概念，如1、2、3等等这些自然数，以及几何学的概念，什么六面体、正方形、圆形这样一些东西，都把它看成是一种理念，这显然是不对的。

第二个方面就是克服了理念世界与感性世界的分离，这是他对柏拉图的一个重大的改造。柏拉图的理念世界跟感性世界完全处在一个此岸，一个彼岸，完全是分离的。亚里士多德认为不对，应该把它们连起来，应该把两个世界看成是一个统一的连续过渡的体系。只有这样，你才能用哲学的概念来说明现实事物，指导我们的科学研究，不然有什么用呢？那个理想是空的！

（一）理念的纯粹化

那么我们下面就具体来谈一谈。首先我们看看他的理念的纯粹化。柏拉图的理念混杂有经验的表象和数学的表象。亚里士多德首先从里面排除了经验的表象，他认为柏拉图的理念没有和经验的事物划清界限，那么实际上他的那些理念就没有什么用处，他只是把经验的事物"增加了一倍"而已。比如说马，马有马的理念，马本来是一个现实事物，但是你又把一个马的理念加在它身上。他就嘲笑柏拉图，说好像一个人要计算他的对象，但是对象太少他计算不了，于是就把数目增加一倍来加以计算，这是很愚蠢的。所以说这个理念没有什么用处，只是徒然使得我们面对的这个世界的那些对象增加了一倍。每一个事物都有它的理念，那不增加了一倍吗？再一个就是使得经验的事物成为了理念的摹本，或者是影子，成为了一个概念的摹本和影子。经验事物是一个个具体的个别事物，本来是很现实的，这样一来成为了理念世界的摹本和影子，那它就不实在了，那就是假的东西了，就好像一个东西映在镜子里面的那个影子。你以为那个东西是真的，其实那是假的，这样一来就把现实的事物消灭掉了。

而且这样一来有很多困难，一个很重要的困难就是"第三者"这样一个著名的困难。什么叫"第三者"的困难？就是说，如果理念世界和具体的感性事物是这样分离的话，你想要把它和感性事物结合起来就是非常麻烦的事情。因为理念，比如说马的理念和具体的马，你要把它结合起来，那么在它们结合的时候你就还需要有一个"结合"的理念。结合也是一件事情啊，你必须要说首先有一个结合的理念，那么这个结合的理念跟马的理念又要结合，那么你就还需要一个"结合的结合"的理念，这样一推下去就需要无穷的理念，你永远也结合不起来。这个马的理念和具体的马如何能够结合得起来？永远结合不起来，有无数的理念作为"第三者"或"第三者的第三者"横在其间，以此类推，以至于无穷。所以每个事物它都会有无限多的理念，这是柏拉图的一个困境。柏拉图在晚年也意识到这一困境，但他没有能够解决。那么亚里士多德就说，既然这样，你不如就抛弃它，抛弃你这种设想。

再一个是"分有"的困境。"分有说"也是柏拉图的一个非常重要的学说，就是说任何一个事物都有它的理念，那么这个事物的存在就是因为它"分有"了它的理念才得以存在的。一个美的事物是因为"分有"了美才得以美的，比如说一朵美丽的花，一匹美丽的马，它们都是因为"分有"了美的理念才得以变成美的，我们才能够称之为美的。一张桌子是因为它"分有"了桌子的理念才存在的。这个"分有"，亚里士多德认为它只是一种"诗意

· 第三讲　精神哲学之集大成——亚里士多德形而上学 ·

的比喻",是完全没有什么道理的,因为现实事物并不因为"分有"而产生出来,并不是因为"分有"才产生出现实事物的。恰好相反,你要说"分有",必须是先有了一个事物,再去"分有"它的理念。"分有"在事物产生之后,先有了事物,然后这个事物才能去"分有"那个理念,如果事物还根本就没有,它如何能分有呢?你拿什么去"分"呢?这是说不通的。

所以亚里士多德认为,之所以产生这样一些困境,第三者、分有等等这些柏拉图无法解决的问题,就在于柏拉图是把一般和个别割裂开来,分别看作两个独立存在的东西:一般是一个东西,个别是另外一个东西,这两个东西好像都是"东西"。或者说,柏拉图把一般变成了一种个别。我们知道,个别和个别当然是两个东西,但是一般和个别你要是把它割裂开来、对立起来,那你就是把一般个别化了,你把一般也当作一个具体的东西。那么就存在一个困难,这个一般的东西如何去和个别的东西结合呢?那就有困难了。他认为这是一种"野蛮的"表达方式。在我们看来柏拉图已经够文雅了,但是亚里士多德说他就是野蛮的表达方式。亚里士多德认为,只有通过一种内在的解释才能解决这个矛盾,柏拉图的这种解决方式是一种外在的方式,但是个别和一般不是外在的结合,而是内在的结合。内在的方式就是说,一般其实就在个别之中,一般其实就是个别事物本身,一般作为个别事物的目的而存在,或者说是作为个别事物自我实现的一种形式而存在。个别事物是一个具体的东西,而一般要把自己实现出来就要采取一种普遍性的形式,它体现在个别事物身上,一般寓于个别。我们通常讲一般寓于个别,或者说一般是个别的一种规定,一般是个别的一种性质,典型事物在个别性上体现出一般。从这种方式出发,我们才能解决一般和个别的矛盾,他提出的解决方式是这样的。

119

这就首先清除了经验的表象。就是说在理念里面你首先要把那些经验的表象清除掉，你尤其不能把理念本身也当作一个经验的东西，好像也是一个个别，跟经验的事物处于对等的这样一个层次上面，去跟经验的事物争夺位置，那还行？其实它们的层次根本就不是一样的，它们并不发生这样一种外在的冲突，它们是一种内在的相关性。

再一个就是他认为数学也应该排除出去。数不能够冒充理念。为什么？因为数，它的单位是同质的，质是相同的，没有质的区别。而事物是不同质的，不管是理念也好，还是个别现实事物也好，它们在质上面是完全不同的。所以每个理念跟另外一个理念都不是一种量的区别，而只是一种质的区别。比如说数，你可以任意相加，你在 1 上面加 2 加 3 加 4，你不断加，你随便加，都可以，你不想加了就不加了，这个没有什么关系的，都说得通。但是，理念就不能这样任意相加，你要把理念相加的话你就必须遵循一定的层次结构，你不能随便相加。因为理念它是质的区别，它有种和类的关系，低层次的理念和高层次的理念就处在一个种和类的关系之中。按柏拉图的说法也是这样，柏拉图也认为"马"的理念跟"动物"的理念显然不在一个层次上面，"动物"的理念跟"生物"的理念又不在一个层次上面。也就是说种和类的关系它是一个层次结构，你不能任意相加，你不能把这些理念不分大小不分层次地把它笼统都加在一起，或者颠来倒去也不行。数学可以，你可以加，也可以减，你先加这个，后加那个，都可以，数学是没有质的区别的，它只有量的区别。但是这个理念不应该是这样的。所以数只是事物的一个属性，它不能够独立存在的，它不能够成为独立的实体，而柏拉图是把理念看作实体。

既然理念是实体，那数就不是实体，它不能独立存在，一和二不能够独立存在，你只能说一个苹果可以独立存在，一头牛它可以独立存在。所以由此可以看出来，数跟这个哲学的概念不能够混淆。虽然有时候我们把这个"一"既看作是数学的，又看作是哲学的范畴，但是这个"一"它是有歧义的。你从数学的角度你可以说一，但是这个时候它绝对不是哲学意义上的一，哲学上是"一"和"多"两个范畴，至于你说三，那就不是哲学，三就已经是数学了。在哲学中只有"一"和"多"，它们构成一个对立，数学中的1和2则不是什么对立。这是对于理念的纯粹化。

（二）对分离的克服

再一个就是对于分离的克服，这是我们刚才讲的亚里士多德第二个方面对柏拉图的改进。柏拉图的"分离说"是指彼岸世界和此岸世界的分离，与现实世界相分离，但是理念如何能够解释现实事物，柏拉图的"分离说"是没办法解释的。理念高高在上，你可以说现实事物都是对理念的模仿，但是理念如何造成了现实事物，这个没办法解释。因为它们不相干，它们脱离关系了。然而，亚里士多德认为，你要解释现实事物，必须要解释现实事物的"原因"，理念世界应该是现实世界的原因，这才能解释现实事物。你如果没有这个，你仅仅是说现实事物是理念事物的摹本，这只是一种说法而已，这是一种"诗意的比喻"，并没有确实地把现实事物的原因找出来加以解释。所以，科学的作用就在于找原因，这是亚里士多德确立起来的一个很重要的原理。西方的科学精神就是要寻根究底，知其然还要知其所以然。一个事物发生了，我就要问一个"为什么"，它如何造成的，要追溯它的原因。所以因果性在西方科学精神里面是一个核心概念，要有因果性！

亚里士多德认为分离的两个世界，一个是现实世界，一个是理念世界，都被看作是存在的，那么在柏拉图那里，它们只是处于一种外在的对立关系之中，毫不相干，各自独立，那么就没有原因与结果的关系。既然是不相干，只是这个有点儿像那个，那不能说明它的原因。现实世界有点儿像理念世界，是理念世界的一个影子，一个摹本，那并不能说明现实世界的原因、它是如何产生的。所以亚里士多德认为必须要划分存在的层次，现实世界的事物也存在，彼岸事物、彼岸的理念也存在，但是它们的层次是不一样的，存在的层次是不一样的。有的东西是作为实体而存在的，比如说个别的事物，经验的事物是作为实体而存在的。也有的东西是作为共相而存在的，比如说种和类，和属，相似、相同，这样一些概念它们都是作为共相而存在的，它们不是作为经验的个别事物，而是作为普遍性而存在的。还有一些事物是作为属性而存在的，作为关系。甚至于"缺乏"也可以说是一种存在，有一种缺陷，比如说某某人有一个缺陷，某某人缺少什么东西，我们也可以说某某人"有"一个缺陷——这种缺乏、缺陷也可以称之为存在，称之为"有"。但是所有上述这些存在都是不能够独立存在的，共相也好，属性也好，关系也好，缺乏也好，它们都不能够独立存在，它们都必须依赖于个别的经验事物、实体而存在。只有一个东西存在了，然后你把共相加上去，你把关系加上去，你把属性加上去，那才可以。所以这些存在，你不能笼而统之地称它们都是"存在"，你要看清有些是独立存在的，而另外一些是依存性的，比如说柏拉图所讲的那些理念，其实都是共相，都是依存性的，并不是真正的存在。柏拉图认为理念世界才是真正的存在，才是独立存在，实际上恰好不是的，它们没有真正独立的实体。

所以在这方面，相比于柏拉图，亚里士多德体现出一种经验

· 第三讲　精神哲学之集大成——亚里士多德形而上学·

主义的态度，在认识论上体现出一种感觉论的、经验论的态度。他认为我们的认识首先要通过感觉，感觉是首要的。他提出了一种认识论的"蜡块说"。"蜡块说"就是说，所谓认识就是这个外界事物通过经验的方式作用于我们的心灵，在我们的心上印上了它们的痕迹，就像在一块蜡上面用一个戒指给它压一下，按一下，它就留下了那个戒指的形状。我们人也是这样，通过感官我们接受了外部事物的形象，那么我们就从此开始有了知识。这个就是亚里士多德的"蜡块说"，我们通常把它归之于"反映论"，通过感觉反映外界事物，那么这个跟柏拉图的"回忆说"是截然相反的。柏拉图就说，你不要着眼于外部世界，你要收心内视，要朝自己的内心去寻求一切知识的根源，这才是真的知识，其他的都是假的知识，都是些影子。但是亚里士多德对这种"回忆说"加以改造，加以批判，他认为其实回忆只不过是一种"保持感觉的能力"，这个就说得很平淡了。柏拉图的"回忆说"是很神圣的，它跟彼岸世界相通，跟神相通，但是在亚里士多德的嘴里，这个回忆是一个很淡的、一个日常心理学的能力，就是我能够把感觉保持下来，我记得我昨天做了一件什么事情，我记得我昨天看见了一件什么事情，所以它是一个保持感觉的能力。

所以在亚里士多德看来，最高的知识并不是回忆，而是要寻求现实事物的原因。真正的知识，包括最高知识在内，都是要寻求现实事物的原因。最高的知识，哪怕是对上帝的知识也是寻求我们这个现实世界的终极的原因，上帝是我们这个世界的最高的一个原因。所以从这个角度来理解知识的话，我们就可以把它看作是一切现实知识的从低级到高级的有层次的系统，是一个大系统，没有什么断裂，没有什么鸿沟，中间都是连续的，没有什么分裂，没有什么彼岸和此岸，都是现实世界的。这个是亚里士多德的一

123

个很重大的改造。从这里我们可以看出,为什么柏拉图一方面喜欢这个弟子,而另一方面却又不喜欢这个弟子,因为这个弟子把他的理论从根本上全部推翻了,他自己最重要的贡献也就是划分理念世界和感性世界,却被推翻了。但是这个推翻,也不是完全推翻,它是扬弃了,它既有保留,又有发展。

二、亚里士多德的本体论

我们接着讲亚里士多德。前面都是亚里士多德对柏拉图理论的批判,从反面来衬托亚里士多德本人的观点,比如他的认识论、感性论、经验主义。下面我们来正式看看亚里士多德的体系。

首先是亚里士多德的本体论,他的形而上学核心的部分就是本体论。这和柏拉图类似,柏拉图的本体论其实就是他的理念论。亚里士多德基础性的东西就是本体论,但他和柏拉图的本体论有很大差别。这个差别首先体现在,柏拉图对存在与非存在这些概念都是没有经过反思的。比如"存在"这一概念,他认为所有的东西都是存在的,比如说理念是存在的,树是存在的,甚至于缺乏也是存在的,"无"也是存在的,有一种无,有一种虚空。亚里士多德认为这些东西很乱,要真正地建立一种存在论,就首先要对存在加以清理,搞清楚存在有哪些类型、种类和层次。所以,我们首先探讨亚里士多德对存在的分类。柏拉图是没有分类的,但亚里士多德一上来就作分类。首先要把基本概念搞清楚,在什么意义上来说存在。刚才我们对亚里士多德的存在概念已经点出了,存在有哪几种,共相、实体、属性等等,下面我们来正式地看看他自己的解释。

（一）"存在"的分类

亚里士多德认为，一切知识就是要探求所有的各种各样事物的原因，这在前面已经讲了。要求得各种事物的原因，首先要建立起一门有关存在的学问。就是说，这个事物要追究它的原因，首先要搞清楚它"是什么"，搞清是什么也就是搞清它的存在。"存在"这个一词在希腊文里面就是"on"，"ontology"就是存在论，我们翻译成本体论，其实就是存在论。"on"这个词其实有很多意思，除了"存在"的含义以外，还有"有"，"存在"我们也说"有"。中国哲学里面经常探讨"有"和"无"的问题，"有""无"之辨。但是它除了"有"的意思以外还有"是"，"是"这个概念在中国哲学里面是没有的，并不把它当作一个哲学概念。但在希腊文里，在西方语言里面，"存在"这个词都同时具备"有"和"是"的含义，因为这个词可以用来作一个句子里面的系词，"是"是个系词。玫瑰花"是"红的，那么这个"是"就是"on"。它本来是个动词，可以把它变成一个名词"存在"，也可以说"有"，例如有一朵玫瑰花，玫瑰花有了。所以它里面至少包含着这三种不同的含义，即："存在"、"有"、"是"。这很麻烦，我们在翻译的时候往往只翻译"存在"这个含义或者"有"这个含义，往往把"是"这个含义撇开了。最近几年很多国内翻译家和哲学工作者都在讨论这个问题，有人建议干脆就把它一律翻译成"是"，但是翻译成"是"很不好理解，也有些问题。我们需要根据不同的情况来作不同的翻译。

亚里士多德首先建立有关"存在"或者"是"的学问，"是"

是什么，也就是"存在"是什么？他提出这个问题来。存在是什么，就是"是"是什么的问题。这是一种反思，是对"是"本身的反思。"是"本身也是"是"着的，也在"是"，就是说，存在本身也在存在着。巴门尼德也说"存在存在，非存在不存在"，也就是说"是就是，不是就不是"。亚里士多德第一个提出来"是"是什么，要把它规定下来。我们成天说这个是什么，那个是什么，但从来没有人问过"是"本身是什么。我们对其他东西下定义，总是把它放在一个更高的概念里来规定，但是对"是本身"则不能这样做。关于"存在"的学问，"存在是什么"，不能通过给它下定义来解决，因为"存在"上面没有更高的范畴了，存在是最高范畴。凡是下定义都是用一个更高的范畴或概念来规定，说这个概念是属于上面那个概念中的"一种"。比如说"人是（一种）有理性的动物"，"动物"比"人"的概念更高，人是一种动物，一种有理性的动物。列宁在《唯物主义和经验批判主义》里面，也讲到"物质"的概念上面再没有别的概念了，所以不能给物质下定义。

那么在亚里士多德这里也如此，就是说"存在是什么"不能理解为要为"存在"下定义，只能解释为对"存在"加以分类。分类在某种意义上也可以称之为定义，比如"存在"有哪几类？问一个东西是什么，我就告诉你这个东西有哪几类，这个东西虽然不好理解，但是那几类东西都是比较好理解的。把它的类别搞清楚，对于总体当然就会有一定的概念了。所以对"存在"只能这样加以规定，就是它有哪些类别。而这些类别又有等级，有哪些类别和等级？有各种不同状态和性质的存在。最高等级的存在当然是存在本身，是"作为存在的存在"，有些书上翻译成"作为有的有"或者"作为是的是"。当然这还是巴门德尼的思路，存在本身,"作为存在的存在"是存在的,存在是存在的,非存在不存在。但他与巴门尼德不同的是,他从更高一个层次自觉地提出了对"存在"的反思:存在是什么?我们已经看出了最高的存在等级,就是"作为有的有",但除了"作为有的有",还有没有别的等级呢?还有一些作为"有"的结果的"有",作为"存在"的结果或者说作为"存在"的一种附属物的(比如一种属性、一种关系)东西,这种当然也是存在,它们是依存性的。刚才已经讲了共相、属性,它们也是存在,是作为依存性的存在,不能说它不存在。一朵花是红色的,不能说这个红色不存在。但也不能说它独立存在,红色怎么能独立存在?它不是花的红色就是太阳的红色,或者是其他什么的红色,所以也是一种存在,但是要把它划分开来,不同的存在有不同的含义。

亚里士多德首先对存在划分出两个不同的基本含义:一种是偶然的性质,又称之为"偶性"。偶性的存在,就是一些性质,那些性质对于存在的事物来说是可以去掉的,或者说是可改变的,可有可无的。比如一朵花的红色就是这朵花的性质或者说偶性,红色对于花是偶然的,它也可以不是红色的,也可以是白色的。所以红色对于花来说并不是必然的,它只是种偶性。这是一种存在。偶然的性质不能说它不存在,它当然也存在,但它是偶然附属于事物本身之上的。另外一种就是必然的本质,就是说这种存在是存在者本身所不可缺少的,凡是一个存在者必须带有的,它不像玫瑰花的红色或者白色,而是一些范畴。我们刚刚讲了范畴是最普遍的概念、纯哲学的概念,如原因、因果性、实体性这些,就是说凡是一物都离不了这些东西。亚里士多德提出这样的范畴有十个,它们是必然要属于存在的。哪十个呢?它有一个系列。

实体是一个范畴，实体是打头的，第一个范畴就是实体，其他的还有像运动、时间、处所、主动、被动等等。在亚里士多德看来，凡是一个事物都必然有这样一些范畴。说一个东西不在时间中，那个东西还存在吗？肯定不存在了。说一个东西没有处所，不在空间中，那还存在吗？不在空间中肯定也不存在。一个东西如果没有属性那还存在吗？也不存在。属性与偶性不同，偶性是可有可无的，属性是本质的，固属于它的。不管什么属于它，但它必须要有属性。他举十个这样的范畴，其中实体是一切存在的核心，其他的范畴都是与实体范畴相联系而得以存在的，处所、时间、主动、被动等范畴就是依附于实体之上的。当然它们都必须有，实体不可能不在时间、空间里面，但时间、空间不可能独立存在，没有一个独立存在的时间或者一个独立存在的空间，也没有一个独立存在的被动或者一个独立存在的主动。凡是一个事物有被动肯定也有主动，那么它们就有实体，它们就依附于实体。所以亚里士多德认为实体范畴是最核心的，它是一切存在的焦点，是一个依附之处，是唯一独立的存在。这个存在才是"作为存在的存在"，"作为存在的存在"就是说它是一个独立的存在，不需要任何其他东西，而其他任何东西的存在都必须依附于它。

（二）"实体"的一般规定："这一个"

哲学是研究一般实体的，而物理学是研究具体的实体的，哲学和物理学都是研究实体，这就把哲学和物理学打通了。哲学研究一般实体，当然也研究各种各样的范畴，比如实体的原因、属性、时间、空间。从一般的意义上来研究，这是哲学作的工作。物理学是

第三讲 精神哲学之集大成——亚里士多德形而上学

在具体的运动和静止的场合之下来研究实体。数学在里面起一个工具的作用、中介的作用，数学帮助哲学来研究。物理学当然要跟哲学划清界限，和数学也要划清界限。但它们之间有一种既分清界限又相互合作、分工合作的关系。数学在里面起一个中介的作用，数学的对象只是实体的一种本质属性。"数"在亚里士多德看来也是一种范畴，世界上任何东西都有"数"，但是数学的对象虽然是永恒不变的，"数"是不变的、永恒的，但是它本身不能看作是实体，它只是实体的一种属性。这样，三门科学各司其职，构成一个体系，这个体系就是整个科学的体系。在柏拉图以及其他的哲学家那里都还没有成体系，在亚里士多德这里所有的知识都构成了一个从低级到高级的、层次分明的体系，这是他对"存在"的分类、分层所造成的一个很好的效果。下面我们看看他对实体的一般规定。

哲学要对实体加以一般的研究，那么我们看看实体的一般规定是什么。"实体"希腊文是"ousia"，它与"存在"（on）属于同一个词根，是"on"的单数阴性的一个形式。"实体"本来的意思就是"存在着的东西"，或者"存在者"，我们把它翻译成"实体"。有人把它翻译成"本体"，像吴寿彭把它翻译成"本体"，还有其他的译法，我们这里把它翻译成"实体"，它就是"存在者"。也就是说，我们要了解一物，首先要知道它是什么，只有我们知道它是什么才能了解它怎样。前面我们讲苏格拉底和孔子的言说方式时提到了，苏格拉底说，要问美诺是富有吗？我们首先要知道美诺是一个人，我才能回答美诺是否富有。如果美诺是一块石头，一件家具，那我们就无法谈这个石头、这个家具是否富有。所以我们首先要知道它是什么，才能沿着这条思路去了解它是怎样的。而实体呢，就是一个东西中使它成为这个东西的那个最本质的原因。所谓实体，就是任何东西在它里面使它得以成为这个东西的最根本的原因。科学家不是要寻求原因吗？那就首先寻求实体。当然寻求实体后还要寻求别的，但首先要把实体搞清楚。这个实体使得一个东西成为了这个东西，而不是那个东西。唯有实体才使得一个东西成为了这个东西，才使得一个东西跟另外一个东西区别开来，不同于另外一个东西。

那么亚里士多德如何来说明这一点？他是从逻辑和语法来加以说明的，这一点很重要。亚里士多德不是一开始就独断地提出来，实体就是这么个东西，你们听我的就行了。他是从日常语言里面提取出"实体"这样一个概念的。他认为我们通常说话，可以有很多种方式，但是所有的言说方式都可以归结为一个基本的模式，那就是命题：S 是 P。S（subject）是主语，P（predicate）就是"描述"，就是宾语。这样的模式是一切语言最后都能够还原的基本模式。当然，有的语言不一定采取"S 是 P"这样一种方式，比如说"我去打球"，没有使用"S 是 P"的模式，但是它可以还原为、归结为或是变形为"S 是 P"，用西方的语言来说就是现在进行时，"我是在打球"，或者用过去时也可以，即"我是打过球了"。这些句子里面都有一个"是"，不管它是过去时、现在时还是将来时，都可以还原为"S 是 P"这样一种模式。所以，所有语言都是以这样一种方式作为它的基本模式。那么，"实体"的定义就可以从这样的一种语法的结构里面逻辑地引申出来。

所以，亚里士多德是从语法上来定义"实体"的，或是从语言的逻辑上加以定义的。他说实体就是"那不可以用来述说一个主体，又不存在于一个主体里面的东西"，例如某个个别的人，或某匹马。这句话要加以解释。什么叫"不可以用来述说一个主体"？"述说"就是 predicate，就是谓述、描述、讲述。"不可以用来描述一个主体（或者说是主词，subject 也可以译为主词）"，就是有一个东西不能用来当作谓词去描述另外一个主词，那么这个东西就是实体了。当然后面还有半句，我们先讲前面一句。如果有一个东西你不能把它用来给其他的主词作谓语、对之加以描述，那么这就是实体。比如说某一个别的人，如苏格拉底，你可以说苏格拉底是胖的、瘦的，是黑的、白的，是聪明的，或者是有理性的，这些词你都可以用来描述苏格拉底；但是你不能用他来描述别的一个主体，说"某某是苏格拉底的"。苏格拉底不能成为某某东西的谓述，一个谓词。当然作为一个物主名词是可以的，说某某是"属于"苏格拉底的，但是苏格拉底不能直接用来描述一个主词，否则人家就不知道你说的是什么意思了，人家不懂你这里说的"苏格拉底"是什么意思，如果"苏格拉底"是一个人的话。当然如果你先把苏格拉底这个人搞清楚了，认识并熟悉了苏格拉底，然后你再说某个东西是"苏格拉底的"，或类似于"苏格拉底那样的"，这勉强还可以，但一般也是不符合语法的。就像今天有些年轻人用网络语言，说"某某人很村上春树哇！"什么叫"很村上春树"？把"村上春树"这个人当作一个谓语来形容和描述一个人，这是不符合语法的。

下面半句，"又不存在于一个主体里面的东西"。也就是说，有一个东西不存在于另一个主体里面，另外一个主体是独立的一个主体，这个东西如果存在于另外一个主体里面，它就不成为独立的了，而是附属于那个主体的。"实体"不能作为另外一个主体的依附者，它是独立无依的，它不能存在于另外一个主体里面。它本身是主体，它只能作主词而不能作谓词。亚里士多德这句话讲的就是这个意思，比如说某个特定的人或某匹马，他特意举了这两个例子。那么，有什么东西只能作主词而不能作谓词？只有个别事物才能是这样的，而且只能是经验的个别事物，比如说"苏格拉底"，或者某匹马——"关云长的赤兔马"，就只能作主词而不能作谓词。如果不是赤兔马，而是一般的红马，那它可以作谓词，比如说"这匹马是红马"，用红马来描述这匹马，那么红马就是这匹马的谓词。至于我们有时也说"这个人是苏格拉底"、"这匹马是关云长的赤兔马"，这不叫命题，而只是"命名"或"指认"。这种命名中两边是等同关系，而不是描述关系，不是主谓关系。

所以，真正的只能作主词而不能作谓词的实体，只能是"这一个"（希腊文是"τοδε τι"）。"这"这个词就表明，它只能是个别实体，而且是经验的。你可以用经验中的各种属性来描述它，但它本身却再也不可说了。你只能问"这是什么？"，却不能问"什么是这？"如果再要我说，我只能用手指着某个东西，说"这就是这"，只能用肢体语言，再不能用任何其他语言来说了。黑格尔的《精神现象学》一开始讲"感性的确定性"，就是从这里入手的。感性的东西就是"这一个"，你再不能用其他东西描述了，语言再不能描述了，你只能用手指着说"就是这"，其他的都是没办法说出这个东西的，其他的都是共相，都是语言，都是抽象的。你要把感性的确定性表达出来，除了"这"，没有别的办法。但是"这"本身其实也是最普遍、最抽象的，你可以指着这个说"这"，也可以指着那个说"这"，任何东西都可以是"这"。所以它也不能表达感性的确定性。因此感性的确定性是再也不能说的了，无可表达，只能去揣摩，去体会，只可意会不可言传。所以恩格斯在谈到艺术典型的时候说："所谓典型形象就是老黑格尔说的'这一个'。"典型形象是唯一的、独一无二的。

那么这里就显出亚里士多德的经验主义倾向了。唯有感性的"这一个"是实体,它永远只能作主词而不能作宾词。那么还有一些能够作主词的,比如说有一些共相,种和类,也同时是可以作宾词的。比如说人,你可以说"人是有理性的",但是你也可以说"苏格拉底是人",这个时候人既可以作主词又可以作谓词。像这样一些种和类的概念,就不是个别事物了,但是它也可以作为实体,你可以在上面依附上很多其他的东西。比如说"人",人是有处所的,有时间的,有主动性的,有理性的,能学习的等等。但是这样一些种和类的概念,亚里士多德称之为"第二实体"。它勉强也可以说是实体,因为它可以作主词。但是也可以作谓词,它可以用来描述第一实体,并且最终要归结到第一实体上来,所以这些实体被称为"第二实体"。亚里士多德对实体首先看重的是个别实体。但是对那些种和类的概念他也承认,可以说是第二实体,它可以作主体,你可以对它加以描述,它也可以用来描述其他带有普遍性的主体。但是真正的实体是不带有普遍性的,完全是个别的。它是一个底层的概念、一个基础,一切言谈最后只有落实到感性的个别性上,才有科学的意义,这完全是经验主义的了。如果你谈半天,都在概念上转来转去,最后落实不到一个个别的实体上,不能给我举个例子或作个实验把它做出来,那么就是空谈。所以实体是底层、基础,并且它是独立的,是一切其他事物的基础。其他的一切东西可以变化,而它本身却可以保持不变。后来康德强调的实体的一个很重要的本质属性,就是它可以保持不变。你讲这个,讲那个,讲的都是它。你讲苏格拉底现在又瘦了,或是到哪里去了,但你讲的都是同一个苏格拉底。这就是实体,在变化中它保持不变,万变不离其宗,这是哲学上对实体的一般规定。

（三）"实体"的具体规定：质料和形式

下面第三点，我们要考察的是实体的具体的概念、具体的规定。也就是说我们把实体定义了，那么实体究竟是怎么样的呢？我们先前搞清楚实体"是什么"了，现在我们要弄清楚实体"怎么样"，这就比较具体了。实体是万物的原因，但是实体的原因又是什么呢？万物的原因我们找到了，那就是实体，任何东西都有实体，否则它就不可思议，不是一个现实的东西。但实体的原因又是什么？是什么东西使得实体成为实体？或者说什么东西使个别事物成为个别事物？这就是实体的本质何在的问题。用吴寿彭的翻译来说，就是实体的"怎是"（το τι εστιν）问题，实体是怎么"是起来"的。实体是"是"，是"作为有的有"，"作为存在的存在"，那么它是怎么"是"起来的？怎么"有"起来的？怎么"存在"起来的？也就是说实体的那个原因、那个本质何在？是什么使实体成为了"这一个"呢？

亚里士多德有两种回答：一种是说实体是由质料组成的，任何实体都有它的质料；另外一种就是，实体是由形式构成的，任何一个实体都有它的形式。亚里士多德在这里把质料和形式这一对范畴引进来了，提出任何实体都是由质料和形式双方构成的。光有质料没有形式，就不会成为一个东西；光有形式没有质料，它就是空的，也不会成为一个东西。只有质料和形式结合起来，才构成一个实体，才构成个别事物。那么究竟是质料更重要，还是形式更重要？或者说，是质料是成为实体的本质，还是形式是成为实体的本质？是质料使实体成为"这一个"，还是形式使实体成为"这一个"？这就是一个很具体的规定了，就从作为存在的实体过渡到作为本质的实体了。

什么是使实体成为实体的本质东西？我们可以从两个角度加以分析。从静止的角度看，从现象上看一个实体存在于那里了，我们很容易把质料看成是实体本身，这个实体之所以成为实体，是因为有那一堆东西在那里，没有那一堆东西它怎么成为实体呢？所以实体最重要的是它的质料。但是这一堆东西是怎么形成起来的？这堆东西不是说一开始就在那里，肯定是有一种力量使它聚集起来成为一个实体。一堆质料没有一种力量使它聚集起来，它就散了，离散在宇宙间什么也没有了。所以从实体的真正形成来说，应该说形式才是实体本身，这个实体的形式才是真正的实体。至于质料可有可无，你做一尊雕像，可以用一堆铜料，也可以用一块石料，也可以用一块泥巴，也可不用这堆铜料而用另外一堆铜料。所以质料无所谓，使这尊雕像成为雕像的，是它的形式。如果它是苏格拉底的雕像，是因为它的形式像苏格拉底，才使它成为这个实体。这是两种不同的回答。但是亚里士多德的聪明就在于，他认为质料作为实体的本质只是从表面看问题，他看世界的眼光是动态的，认为万物都是形成起来的。所以形式（form）这个词在亚里士多德那里被理解为一个动态的过程，一个形成、"赋形"的过程。我们用动词来理解"形式"这个词，可以称之为"赋形"，赋予形式。所以亚里士多德认为真正来说，只有形式才是实体的"怎是"。这种动态的眼光把形式看作是使个别东西成其为个别的"这一个"，而把质料看作是与其他东西没有区别的普遍的材料。

但如果从另外一个角度看，如果我们静态地看，那么质料是个别的东西，而形式才是普遍的。在一个事物中，形式是一般，而质料是个别，我们通常的理解也是这样的。我们常说不要搞形式主义，所谓形式主义就是抽象的，而里面不知是什么内容，可能根本就没什么内容，这就是搞形式主义。内容也可能是很糟糕的内容，"金玉其外，败絮其中"，就是说形式很好，但质料很差，形式上达标了，具体到"这一个"却很糟。所以形式就是一般的、抽象的，我们通常都是这样理解，这是从静止的角度来理解的。但是如果我们换一种角度，从动态的角度来看的话，情形恰好反过来了：质料是一般的，而形式是个别的，形式是使这堆质料形成起来成为这个对象、"这一个"的东西，质料则可以用来形成任何一个别的"这一个"。苏格拉底铜像的形式难道不是个别的吗？同一堆铜料难道不可以用来铸成任何其他的形象吗？所以从"形式使质料聚集起来"这样一个赋形活动的角度来看，那么形式恰好是个别的，它使这个个别实体区别于其他的实体。苏格拉底的铜像不同于柏拉图的铜像，形式是这种区别的根据，凭借铜料却无法区别开来，它们都是一样的。就一个个别事物内部来说，形式对质料而言，可以被理解为一般、框架、普遍性，对每一个质料它都要起作用，把它们聚集起来。但是对于其他的事物或实体来说，形式恰好体现出实体的个别性。

关于形式和质料的关系，我们通常的观点都是从静止的观点看问题，都把形式看成是抽象的，把质料看成是具体的。我们中国的思维方式，特别重视质料，将唯物主义理解为质料主义。比如在教育方面，办大学就是盖大楼，都是质料嘛！只有质料才算"政绩"，至于教什么东西，如何教，那是形式，无关紧要。但在亚里士多德那里，他反而更重视的是形式，形式具有个别性，而且这种个别性体现为能动性。个别事物并不是摆在那里的个别事物，摆在那里的个别事物是质料，真正的个别事物是因为它要成为个别，而表现出具有能动性。它要把那些质料统摄起来，构成为一个个别。所以形式恰好体现出一种"努斯"精神，一种能动性的精神。个别事物是自动的，它独特，有自己的个性，能够形成某一个和其他事物不同的东西。这一点是亚里士多德的"形式"与柏拉图的"理念"的本质区别。当然，这两个词在希腊文上都是同一个字——"eidos"。我们为什么不把它翻译为同一个"理念"？或者同样都翻译为"形式"？就是因为二者之间有很大的区别。亚里士多德的"形式"是一种赋形的过程，是赋形活动，具有能动性；而柏拉图的"理念"虽说也是努斯所追求的东西，但是它本身不具有能动性，它只是一种逻各斯，一种固定的"型相"。亚里士多德的"eidos"则是"成型"、"成相"的活动。这是两者之间的根本区别，一个很重要的区别，它是就具体活动方面来看对实体所作的规定。

三、亚里士多德的目的论

对于亚里士多德的主题，我们前面已经讲了两个：一个是对柏拉图理念论的批判，展示出他自己的立场；第二个就是亚里士多德的本体论，我们着重对他的实体学说进行了分析。那么，亚里士多德的第三个主题就是他的目的论，他的目的论所构成的宇宙体系。他是由目的论来构成一个宇宙体系的。我们前面已经讲了，他的哲学、数学和物理学构成了一个科学的体系、一个系统。所有的东西都包含在里面，没有遗漏的，也没有一个此岸和彼岸的鸿沟。那么，由此所构成的宇宙体系就是一个目的论的体系。我们一起来看看这一点。

（一）宇宙的等级结构：四因说

关于这个宇宙体系，我们前面也已经提到，亚里士多德又返回到了自然哲学，从精神哲学的阶段返回到了自然哲学；但是，他的这种返回是在更高层次上的一种返回。柏拉图其实已经有了这个倾向。晚期柏拉图——我们前面已经讲到——他要为造物主创造这个宇宙提供一种手段，比如说几何学的手段，用四面体、六面体、十二面体、二十面体来解释四大元素，解释万物的构成。柏拉图确实已经有这个倾向，但是亚里士多德比他搞得更为激进。这个时候返回自然哲学，已经不仅仅是早期希腊哲学的那种自然哲学，而是跟"第一哲学"紧密结合在一起的，与形而上学紧密结合在一起的。所以，可以将其看作是一种宇宙论的神学，亚里士多德自己也把"第一哲学"称之为"神学"，所以这个宇宙论确实是神学的，是实体学说在整个宇宙中的一种体现。前面我们讲到他的实体学说、他的本体论，他的本体论是最高的层次，那么，在宇宙中，这个本体论究竟是怎么体现出来的呢？

第一，是宇宙的等级结构。由这种实体学说——质料和形式——产生出宇宙从低级到高级不断上升的一个等级结构。万物的构成，作为个别实体来说，可以分成两种要素：其一是质料，其二是形式。但除了质料和形式之外，其实还有另外一些因素要考虑在内。这个世界虽然是由个别事物构成的，但是个别事物相互之间有一种关系。比如说，要有一种推动力，个别事物往往要推动另外一个事物。所以，除了质料和形式作为万物的两大原因之外——这两大原因可以称为质料因和形式因——还必须要引进第三种原因，就是动力因。个别东西有质料和形式，但是它又被其他的个别事物所推动，其他

第三讲　精神哲学之集大成——亚里士多德形而上学

事物的推动就称为动力因。世界上的万物除了各种事物本身之外，还在各种事物之间形成一种互相推动的关系。再就是，除了互相推动的原因之外，还有一种原因，就是目的因。就是说，事物之所以被推动，是为了达到另外一种目的，因此必须引进第四个原因——目的因。所以亚里士多德提出，整个宇宙体系中，起作用的是四种原因，这就是他的"四因说"。所谓四因说，就是质料因、形式因、动力因和目的因相互交织的学说。

但是，亚里士多德经过细致深入地分析，又把动力因和目的因最终都归结为形式因。举例来说，一颗橡树的种子，这颗种子我们可以把它看作是质料因。你首先要有种子，才能长成大树。那么这颗种子在吸收阳光和雨露，在生长的过程中，阳光和雨水就可以说是动力因，是外部的。而它要长成一棵橡树，一颗橡树种子要长大成橡树，那么它的目的就是要长成橡树的，这是内部的目的因。这棵橡树长大之后就必须符合橡树的形式，必须具备橡树的形态，树干要怎么样，皮要怎么样，叶要怎么样，这就是形式因。所以一棵橡树的长大，四种原因都在起作用。

那么，在这四种原因里面，我们可以把动力因和目的因都归结为形式因。首先，我们可以把动力因归结为目的因。动力因是目的因实现其目的的一种手段。当然阳光和雨水都是外在的，都是从外面借过来的，但是，如果你没有一种目的，你不会把阳光和雨露当作你的手段。所以，阳光和雨露推动橡树的种子发芽、生长，好像是一种外在的推动；但是这种外在的动力、动力后面的动力还是目的，推动橡树的种子去吸收阳光和雨露的，还是它的目的。所以，目的因是动力因后面的动力，是动力的动力。如果没有这个目的，没有一种内在的动力，那么，外在的动力对它的影响就是另外一回事情了，这颗橡树种子也就不会长大了。例如一块石头就不会吸收阳光雨露而长大。所以，动力因可以归结到目的因之下，为目的因所掌握。种子里面有一种内在的动力，鼓动着它去吸收外在的阳光和雨露而生长。因此，目的因在前面吸引着种子去生长，或者说作为一种动机在后面鼓动着它去生长。由此，这一点就可以归结为目的因。当然，阳光、雨露在外部世界还有它们的原因，那么它们的原因，亚里士多德就把它归结为不是这颗种子的原因了，那就是整个宇宙的原因，比如说上帝的最后的安排。上帝最后的安排是，所有的阳光都不是毫无目的地照在大地上的，雨露也不是毫无目的地降下来的。这里面有一种设计，有一种意图，符合上帝的目的。这个我们后面再讲。但就一颗种子来说，它长成大树，里面既包含有它自身的根本的动力，也就是目的所提供的生长力，也包含动力因。

那么，目的因最后也可以归结到形式因。橡树最后要长成什么样子，这才是目的。你的目的总有一个形式在里面，如果没有形式，你的目的就不成其为目的。所以，目的因也是以形式为目的。就此而言，四因就可以归结为两因了。实际上，所有的原因一个是质料，一个是形式。这就简化了，而且外部的原因都被归结为内部的原因，都是一颗种子内部的原因，动力因本来是外部原因，最后也被归结为内部的原因了。

推而广之，整个宇宙也可以看作一个有机体，也可以看作是一颗种子，它是由上帝所推动的，上帝是它的目的。整个宇宙都是向着上帝在生长，都趋向于上帝。所以整个宇宙里面的目的与手段等等，都构成了一个因果关系和目的关系的链条，它们都趋向于上帝，这才构成了宇宙的一个等级结构。这个等级结构具体来看是由质料和形式的不同层次所构成的,怎么构成的呢?一般来说,高级事物是低级事物的形式。我们知道,宇宙自然万物有高级的事物,也有低级的事物,而低级事物是高级事物的质料。质料是相对的,你不要以为某一个事物是质料它就是质料了,说不定对另外一个事物来说它又是形式。亚里士多德举了一个很通俗的例子,比如说我们盖房子,盖房子要用砖瓦,砖瓦就是房子的质料了。砖瓦结构嘛,房子就是由一砖一瓦垒砌起来的。砖瓦是房子的质料,但是砖瓦本身也是形式,构成砖瓦的那些泥土就是砖瓦的质料,泥土就包含了砖瓦的质料。砖瓦是泥土的形式,但是砖瓦又是房子的质料,房子最后又是砖瓦的形式。还可以往下推:房子又是街道的质料,街道又是房子的形式;街道是城市的质料,城市是街道的形式……等等,这都是一些等级结构。这是举个例子了,其实其他很多事情都是这样。

就这样,一层一层地,质料和形式不断地交替上升,不断地由低级的形式向高级的形式上升,当然,也可以是由高级的质料向低级的质料下降。但是总的来说,是一个上升的过程。为什么说是一个上升的过程呢?因为最高的形式就是一种"纯形式",那就是上帝。上帝是最高的形式,是一种"无质料的形式"。而最低的质料,就是"无形式的质料",也就是早期希腊哲学的那种"无定形"。我们不是一直讲"无定形"吗?无定形之物在亚里士多德看来,其实就是什么都没有。无定形的东西,那还是什么东西呢?你说不了是什么东西。如果纯粹像这样没有形式的话,那就等于无。因为你举不出任何一样东西来说嘛,它没有任何形式,没有形成任何具体的东西嘛!而你能举出来的任何东西都有形式。你说泥土,泥土它也有形式啊,构成泥土的是什么东西?如果你能够分析下去，如果你能够设想一种东西是完全无形式的，那就是"无"、虚无。

因此，整个宇宙就是从无到有的这样一个等级系统，第一次赋予存在的就是形式，最高的存在就是上帝。上帝是纯形式、纯存在。正如每一件事物的形式使这件事物存在起来一样，上帝使一切东西、使万物存在起来。所以，整个宇宙就体现为一个从低级到高级不断上升的过程，而不是不断下降的过程。因为不断上升是需要力量的，而这个力量来自于上帝，来自于一种纯形式。纯形式就是纯力量，也就是纯粹的努斯，乃是神本身。那么上帝在这种意义上就是一切存在的存在，是万有的最终根源。你要找原因，最后要归结到上帝那里。但是在寻求到上帝那里以前，你要把世界上所有事物都经历过以后，你才能追溯到上帝那里。所以，我们世俗的凡人不一定一下子就能追溯到上帝那里，于是就要进行科学研究，就要面对自然界，面对具体的质料和形式。因此，从亚里士多德的形而上学体系中就发展出后来的西方科学精神，也就是研究上帝是怎么样创造这个世界的，破译上帝的秘密。这种科学精神里面有个信仰，有对最高存在的一种信仰、一种追求。所以科学精神不是一种技术，科学精神不等于科学技术。科学精神是一种很崇高的东西，我们要研究上帝是怎样创造这个世界的，把这些道理讲清楚，把这些规律找出来。宇宙的本体论就是这样建立起来的。为什么说它是神学呢？科学为什么会属于神学呢？通过分析，我们知道是在上述意义上的神学，是研究神如何创造世界的学问。所以亚里士多德也称它为"神学"。

（二）"潜能"与"实现"的辩证法

对于这个宇宙论的体系，我们再深入一点看它是如何动态地建构起来的，也就是看看这个宇宙体系的运动方面。我们刚刚分析了它的结构方面，从低级到高级，那么我们现在再来看看它运动的方面。

这个结构运作起来，生动活跃，有一个动力源的问题。它的动力源就是作为动力因同时又是目的因的形式本身，整个宇宙的动力源就是形式。我们前面讲了，形式是能动的，形式就是能动性。形式是个别性，这种个别性就体现为能动性。如果没有个别性，那就解散了，聚集不起来了。凝聚不起来力量，那就没有能动性了，个别事物就消散了。凡是能动性都是要把自己的力量凝聚在一点来起作用。所以形式本身是动力之源，形式是能动的，是形成过程。那么跟柏拉图的理念相比，形式当然就不同了，我们前面讲了，这是它们之间最根本的区别。理念是没有能动性的，没有动力因的。理念怎么动起来？它只是抽象概念，是没有动力因的。而形式是有动力因的，它本身就是动力因、动力源，它是具有手段自我实现出来的一股力量。形式是一股力量，它具有自我实现的手段，就是把这些潜在的东西作为它的手段，把这些质料作为手段。形式作为目的，把质料作为手段，来构成它自己，来完成它自己。所以质料本身在这种意义上是一种潜在性。质料本身在没有被形式统摄起来之前，它只是一种潜在的东西。所以，质料在亚里士多德那里就称作潜能（dynamis）。还没有发挥出来，但它有潜能，还有潜在的一种可能性。怎么才能发挥出来这种潜能呢？它必须依靠形式的这种能动性。所以，形式在这方面体现为努斯精神，是一种自动的东西，具备自动性，也就是个别事物所具有的主动性，而这种主动性具备一种把自己实现出来的冲动。它能够把自己实现出来、现实化，把自己变成现实。质料还是潜在的，还不是现实，这种可能性因为形式才成为了现实。

所以，质料和形式并不是两个东西，而是同一个东西。但是质料可以说是潜在的形式，而形式是现实的，或者说形式是现实的质料，是把质料实现出来的这样一种过程、活动。所以，形式应该称之为实现（ενεργεια），"ενεργεια"这个词也是一个希腊词，通常翻译为"现实"。其实，这个"现实"跟我们通常理解的"生活要现实一点儿"中所谓的现实还不太一样，它不是指既成事实，而是包含有能动性的意思。所以，我们更精确的翻译应该是翻译为"实现"，一种实现出来的活动。那么，作为这种实现的结果，又有一个词，中文翻译为"隐德莱希"（εντελεχεια），也是个希腊词，"隐德莱希"是音译了，也是"现实"的意思，它不是就活动的过程而是就后来的结果而言的。"ενεργεια"是就过程而言的，从它的能动性而言的，所以我们也可以把它翻译为"能力"，它是作为能力的现实、作为活动的现实。这个"隐德莱希"我们又把它翻译为"圆成"，圆满完成的意思，就是把这个现实的东西完全实现出来，结果就是"隐德莱希"。形式和质料之间构成一种主动和被动的关系，形式是主动的，质料是被动的，但是主动的东西是离不开被动的东西的。我们讲它们两者其实是一个东西，它既有主动性又有被动性。它的被动性就体现在它的质料身上，质料就是形式作用的那个对象。形式是能动的，但能动的东西要表现出来，必须要有它的作用点，有它能作用的对象，它才能动得起来，如果它作用于一个空的地方它就能动不起来了。鸟在天上飞，必须要扇动翅膀对空气有反作用，你才飞得起来；鱼儿在水里游，摆动尾巴，也必须要水对它有反作用它才游得动。质料也是这样，质料就是形式的能动作用的对象，

· 第三讲　精神哲学之集大成——亚里士多德形而上学 ·

它是被动性，但是它寓于主动性之中。质料不是从别的地方拿来的，形式不是作用于别的东西，而是作用于它自己，是一个自己摆脱自己的被动性的过程。在运动中，质料和形式就是一个东西。质料是潜能状态的形式，形式是实现出来了的潜能。

所以，亚里士多德对运动下了一个定义，什么叫运动呢？他说："运动就是潜在的东西作为潜在的东西完全实现出来。"简单而言，潜在的东西实现出来，就是运动。实现就是"隐德莱希"，就是现实化，潜在的东西现实化，那就是运动。这跟后来牛顿对运动的观点完全不同，跟伽利略的完全不一样。后来的机械论的观点认为"运动就是一个东西推动另外一个东西"。某物此时在某地，在另外一时在另外一地，机械论的运动的观点是这样的。亚里士多德的运动观是富有生命力的，潜在的东西实现出来，这个是有内在的目的性的，潜在的东西为什么要实现出来？因为实现出来是它的目的，它要实现出来。当然这种生命目的的观点带有一种朴素性，所以这种对运动的解释，后来被伽利略所推翻了。比如，按照亚里士多德，一个东西之所以要掉下来是因为它愿意掉下来，它把掉下来当成自己的目的，一个东西之所以有惰性是因为它懒惰，它不愿意去，所以它就有惯性。这个解释在近代人看来当然是荒谬的，所以后来就被抛弃了。

但是，这种运动可以适用于某些情况，比如说生物，生物界的运动、目的性的运动，和人，人的自由意志、人的实践活动，这些运动都适合从潜能到实现的这样一种过程。亚里士多德是一个医生，他的父亲是马其顿王的御医，他从小在医生的环境里面长大，所以他对任何事物都有一种有机论的观点，也就是所谓目的论观点。我们理解亚里士多德必须要理解这一点，他是有机论的。他第一个说出来："手只有长在身上才是手，砍下来的手已经不是手了",因为它脱离了有机体。这是他的一句名言。在当时来说,这个对运动的定义是很重要的,而且,今天的现代物理学要超越古典机械论、牛顿物理学,常常也要用到它。比如说可能性和现实性的问题就是从潜能和实现的关系中引出来的,我们有时候发现,亚里士多德说的往往不无道理。你一旦从更高一个层次超越牛顿物理学,超越近代机械论物理学的层次,到了现代的物理学,也就是爱因斯坦物理学和霍金的物理学,你就会发现里面我们还有些东西未见得就可以完全抛弃,实际上这里面包含有辩证的观点,包含有潜能和现实的一种辩证法的关系。

所以,运动并不是外加于质料之上的,而是在内部潜在于质料之中。运动是潜在地蕴含于质料之中,不是说外加于质料,外加于质料的运动就是机械运动了。我们辩证法也讲运动是来自于事物内部,为什么来自内部,就必须用到潜能和现实的关系,可能性和现实性的关系,也就是黑格尔讲的"自在"和"自为"这一套东西。所以,运动在潜在状态中表达的是它的还没有实现出来的本性。质料看起来很被动,但是它潜在地有一种能动的本性,那就是形式,形式可以把它这种本性的东西发挥出来、实现出来。这样一来,整个宇宙在这种理解之下,都变得生气勃勃了,没有任何死角,没有任何多余的东西。它成为了一个整体,一个有机体。整个宇宙成了一个有机体,有机的宇宙观。所谓"有机体"就是没有任何一部分是多余的,全部渗透了潜能和现实,所有的部分都是有用的。当然人身上还有像盲肠是没有用的,我们可以把它割掉,但是也未见得,说不定将来有一天人们会发现盲肠也有用,这是一个很有趣的思想。

但是,他的辩证法有一个顶点,就是最高的神是"不动的推动者",所有的辩证关系到神那里就到此为止了。所以他并没有把他的辩证法完全地贯彻到底，而是在某种意义上又复归到柏拉图的体系。所谓无质料的纯形式，这仍然是一个跟现实分离的抽象理念，它跟质料是分离的，它没有质料，它是纯形式。这就把形式跟质料重新又分离开来了。而万物都是受神的恩惠而存在的，由神赋予它们存在，那不就是"分有"了神吗？这就又回到柏拉图了，"分有"、"分离"都是柏拉图的概念。亚里士多德到晚年也承认"分有"和"分离"也有它的积极意义，他自己有时候也用。归根结底，他跟柏拉图并不是完全对立的。我们按照唯心主义和唯物主义的划分的话，亚里士多德哲学思想中有很多唯物主义的，特别是反映论的、感觉论的、经验论的因素，但是归根结底，最后是一种神学的唯心主义。我们把他这样归类是有一定的道理的。

（三）神学目的论

我们上一次讲到亚里士多德的目的论宇宙体系。目的论宇宙体系最后还有一点儿东西我们要讲一下，这就是神学目的论的内容。前面讲的一个是宇宙的等级结构，一个是潜能和现实的辩证法，第三点就是他的神学目的论，后者是他的宇宙目的论体系的一个非常重要的特征。也就是说，在亚里士多德看来，在这个宇宙体系中，最高的目的就是神。所谓"无质料的形式"其实就是神。但是这个神不是一般宗教信仰中的神，与当时古希腊城邦信仰中的神不一样，它是从苏格拉底、柏拉图一直到亚里士多德所坚持下来的理性神。这种理性神的一个特点就是具有努斯的能动性、超越性，具有一种努斯理性的超越性，也就是超越了感性。

在古希腊，一般的神都是神人同形、同性的，有女神、男神和众多的神，各种各样的神跟人差不多。但是在亚里士多德这里，这个理性神最主要的特性就是所谓的"对思想的思想"。人都有思想，但是纯粹的思想，撇开思想的一切质料和内容，对思想本身进行思想，这才是神的特点。当然这种特点人也是具有的，比如亚里士多德的这种反思，柏拉图的这种反思，已经是"对思想的思想"了，也就是说他们已经通神了。人的理性与神相比，当然是没有如此高的层次的，它有一种被动性。亚里士多德因而将人的理性称为"被动的理性"，并且认为这种"被动的理性"还受到感性的束缚。因而，正如我们前面已经讲到的，他的认识论体现出一种经验主义的倾向。"蜡块说"，还有所谓"白板说"都是从洛克这儿发源的。他说人的心智就好比一块白板，本来是干干净净的，但是由于感官的映像映在了上面，就有了一些痕迹，然后，从中才产生出人的知识。如果没有感官的话，人生下来是没有什么先天的知识的。所以，洛克有一句名言——"凡是在理性中所有的，最初无不在感觉之中"，这就是西方认识论经验主义的一个基本原则，一直延续到现代的经验论，都以这个原则作为他们的准则。

尽管人的理性受到感性的束缚，它仍然潜在地具有一种主动性，一种潜能。如果从潜能这个角度看，人的理性里面潜在地具有主动性。因为人能够反思自身，就已经表明人是具有神性的了。人具有部分的神性，所以在一个人身上，如果能够做到像哲学家那样，对思想本身进行沉思，进行思考，那么他就达到了最高的美德。亚里士多德的美德论里讲到了很多美德，比如有实践的美德、政治的美德，但最高的美德是"静观"，是"沉思"。沉思是最高的美德，所谓沉思，就是对思想本身进行思想，撇开一切感性的外在干扰，只抓住思想来思考，这是最高的美德、最高的幸福，也是最高的目的。达到对思想进行思想，人就跟神相通了。

关于努斯本身的定义，柏拉图说这是一种"自动性"，在亚里士多德这里得到更进一步的说明。努斯是永远自己思维自己的。除了"自动性"以外，亚里士多德特别强调这种"自动性"是自己思维自己。这样的"自动性"，就是努斯。达到这一步，努斯就达到了至善。"善"的理念是柏拉图的最高理念，但"至善"在亚里士多德看来，是经过一个系统逐步上升以后的顶点，就是对思想的思想，就是纯粹的"努斯"、纯粹的精神。因此，宇宙中的万事万物在这样一个系统中，都被安排着趋向一个最后目的。宇宙万物在一个目的系统之中，这个目的系统有各种层次的目的，有低层次的目的，有高层次的目的，从低到高不断上升，最后以"至善"为目的，这就是"神学目的论"，至善就是神了。

"至善"是至高无上的，在这个系统的顶点，处在这样一个位置就是神。从这样一种眼光来看，宇宙就显得是一个生命体，神乃是这个生命体的灵魂。这个生命体的每一个部分都是合目的的。生命体的每一个部分都不是没有用的，不是多余的，都是为整体服务的。这个生命体，他的灵魂和主宰就是这个最高神。这个最高神乃是最高的个别实体，用后来基督教的话来说，就是神具有其自由意志。自由意志乃是最个别的，它愿意这样，世界由此而创生，没有其他的理由来解释，意志只能由它自己来解释它自己。这就是绝对的个别性。但是，它同时又是最高的普遍性。神无所不在，同时又使得所有的东西得以存在。因为它本身没有质料，所以它能够涵盖一切。如果它本身是具有质料的，它就不可能具有这种普遍性。正是因为它是绝对的无质料的形式，所以它具有绝对的普遍性、能动性和创造性。个别性就体现出能动性和创造性，普遍性体现为无所不在。在这个宇宙里面的任何一件事物，任何一件小事的产生，都是由于神、这个最高的形式而得以实现出来的。最高的形式就是最高的"实现"。我们前面也讲过亚里士多德所谓的赋形过程，也就是一个实现过程，是从潜能到现实的过程。这就是他的神学目的论体系。这个学说在西方影响很大，后来的托马斯·阿奎那的神学体系，近代以来的莱布尼兹的体系以及后来黑格尔的体系，都受到了它的影响。这就是将整个世界看成是一个整体，并且看成是有机地倾向于一个顶点，这就是神。以上是关于宇宙论体系作为亚里士多德哲学中之环节的一个简单讲述。

四、亚里士多德的形式逻辑

（一）引言

接下来我们要谈的是亚里士多德的形式逻辑，这也是他的一个很重要的内容，也属于他的"第一哲学"。关于"第一哲学"，我们在前面已经讲述了它的两个环节：一个是它的本体论，也就是它的实体学说；第二就是它的目的论的宇宙体系，即我们刚刚讲完的神学目的论体系；第三个就是我们在此要讲述的形式逻辑，也可以说是它的方法论、它的逻辑学。本体论、宇宙论和逻辑学构成了亚里士多德形而上学的三大部分。

亚里士多德的形式逻辑，又称之为"工具论"，这是后人取的一个名字，即是将亚里士多德关于逻辑方法的一些文章收集起来编成一部，其中有《分析篇（前、后）》、《解释篇》、《范畴篇》、《论辩篇》、《辨谬篇》等卷，统称为"工具论"，也就是将其看作一种工具、一种方法。但是，在亚里士多德本人那里，这种工具论的说法其实是不够的，或者说是片面的，他本人并不将这些东西看成是单纯的工具。恰好相反,在亚里士多德看来,形式逻辑是跟认识论、本体论相统一的。这也是后来的哲学史上争论的一个问题,也就是逻辑和认识论以及本体论的统一问题。在长期的哲学发展过程中,一直到黑格尔之前,这三者基本上都是处在越来越分裂的过程中,到了黑格尔,才将逻辑、本体论和认识论相互重新统一起来。但是,在亚里士多德这里,也有一种统一,一种朴素的统一,也就是说还没有分化。具体来说,在此逻辑、本体论和认识论还没有明确地分化为三个不同的部门,它们都是属于第一哲学。亚里士多德只是隐隐约约觉得其中有一种区分,所以后人在编辑其著作的时候,就将它们分开来单独编辑为"工具论"这个部分。

我们知道,认识论所谈的是"真假"问题,也就是真理问题;其核心是思维和存在的关系问题,也就是问思维能否符合存在,思维是否与对象相符合。这是亚里士多德已经提出来的一个认识论的标准:什么是真理?真理就是观念符合于对象,思维与存在相符合。这是认识论上的基本问题。而本体论则是着眼于"有无"问题,也就是在思维和存在的关系中专门讨论存在方面的问题,即存在论,要问一问存在本身有还是无?存在还是非存在?至于逻辑学上的问题,则是在思维和存在的关系中,专注于思维的部分,它探讨"对错"问题、"正确性"问题。我们说逻辑是一种思维的工具或者说思维的规律、思维的技巧。形式逻辑被理解为思维本身,而与对象无关,或者即便有关系,也不过是一种间接的关系,所以在逻辑上讲求是非和对错。通常,逻辑上的正确和错误也被称为真和假,但是它和认识论上的真假是不一样的。逻辑上的真假只是看是否符合逻辑规律,如果违背了逻辑规律,就肯定是错误的。但是不违背逻辑规律,却不一定是真的,只能说没有错误。一个判断很符合逻辑，但是是否符合事实则是另一回事。所以严格说来它只是涉及到对错问题，而非真假问题。一般来说，逻辑只考虑思维中、语言中主词和谓词是否能够结合。如果符合逻辑规律、合乎语法，当然就能够结合，违背逻辑和语法就不能结合。但是三者在亚里士多德那里有着一种相互对应的关系，思维和存在具有同一性，那么思维本身的对错问题，以及存在本身的存在和非存在问题（有无问题），都与真理的问题（真假问题）有一种对应性。所以在亚里士多德看来，逻辑学也属于第一哲学，而不像今天发展出来的数理逻辑，它就很难说是第一哲学。很多人认为数理逻辑并非哲学，而仅仅属于一种思维技巧，甚至有人把它划入数学领域。逻辑已经被划归到数学领域，当代的形式逻辑已经走上了这个方向。但是，在亚里士多德的时代，他将其放在了形而上学领域。

（二）概念论

下面，我们看看亚里士多德是如何建立其形式逻辑的。形式逻辑有三个不同的层次：一个是概念，一个是判断，一个是推理。概念、判断和推理是形式逻辑的三个环节，最后的环节是逻辑公理，这就是矛盾律、同一律和排中律。首先我们考察一下亚里士多德的概念论。

在概念论中，亚里士多德讨论宾词和范畴的问题。为什么要讨论宾词呢？我们在前面讲到，亚里士多德的本体论又称为实体学说，他是从语法逻辑引入本体论的，也就是说通过语言来达到本体论的。实体就是那永远只能作主词而不能作宾词的东西，永远只能为别的东西所描述，但是却不能够述说别的东西，这就是实体。亚里士多德从语法逻辑引入本体论，但是实体一旦树立起来，我们又如何来描述这个实体呢？那就是要考察各种宾词。宾词乃是专门描述和述说实体的。实体如何述说，这是逻辑要讨论的问题。所以我们在此又从本体论回到了逻辑学。具体来说，实体本来是逻辑所引出来的，但是在宾词学说中我们又从本体（实体）回到了逻辑学。

经过亚里士多德的分析，他认为总共有四大类宾词，所有的描述，S是P，这个P总共说起来有四类。这四类宾词，它们所起到的作用，一个是定义，也就是对主词下定义，那么用来下定义的那些词就是宾词；第二类是描述主词的特性的，特性是第二种宾词；第三种是描述它的种属，也就是说它是哪一类，比如说马是动物，这是种属的问题；第四类是偶性（偶然的属性）。

这四类宾词分别回答了四个问题：第一类回答"是什么"这个问题，比如说"人是什么？"我要给它加上一个宾词，所谓"人是理性的动物"。在此，"动物"是种，"有理性"是属差，"种加最近的属差"就构成了对实体下定义的宾词。种加属差是最严格的定义，也是本质定义，即是对于实体的本质加以规定。如果问"人的本质是什么？"，回答就是"有理性的动物"。这是人区别于其他所有事物的一个定义。特性这个宾词回答的是一个事物"如何"，有什么样的特性，这里所谓的特性指的是专有特性，而非随随便便的偶然特性。它是不可缺少的东西，是区别于别的东西的特性。比如说"人是能够学习语法的"，在万事万物中，唯有人这样一个实体是能够学习语法的，这种能力为人所独有，这就是"特性"。种属宾词回答的是第三种问题，就是属于"哪一类"。偶性这样的宾词回答的是有时候会"怎么样"的问题，也是主体或主词的一种性质，但这种性质有时候有，有时候可以没有，有时候是这样，有时候可以是那样，所以它是一种偶然的性质。偶性的意思就是偶然的性质。偶然的属性往往是成对出现的，就是可以这样也可以不这样，可以是那样或者相反。偶然的"偶"本来就带有对偶的意思，就是说两种情况可以择一，可以选择其中一种。所有这四种宾词都是依附于实体的，离不开实体，归根结底都是实体的宾词。当然我们也可以对某些宾词单独加以说明，即某些宾词也可以用宾词来说明，但最终还是要附属于实体。这就是四大类宾词，亚里士多德对之作了一种归类。

具体来看，这四大类宾词里面，有一些宾词是最重要的，那就是我们前面提到的"范畴"。所谓范畴就是那些最具有普遍性的宾词，就是说这个宾词放之四海而皆准，任何事物都脱离不了它，必须受它的规范。这样的宾词有十个，（前面我们已经提到十个范畴），亚里士多德已经举出来了，有实体、数量、性质、关系、地点、时间、姿态、状况、活动、遭受（活动、遭受就是主动、被动）。他说这十个范畴是"最高的种"，也就是最高的概念，高到万物莫不纳入其下的程度。我们不能说任何一个事物是没有实体的、没有数量的、没有性质、关系、地点、时间的，这都是不可能的。因为凡是事物都要受范畴的规定。后来，他认为十个范畴不够，又补充了五个范畴，有对立、先于、共存、运动、拥有。他认为对一个实体的认识，只有把这十五个部分全部考虑到了，才是完全认识到了。亚里士多德的这些范畴是从经验中偶然发现的，其实如果他活得久一点儿也许还会有所补充和增加。也正因为如此，后来康德说他是以偶然的方式在经验中去收集范畴。康德对此是很不以为然的，他认为到了这么高的层次上，为什么还要在经验中去搜寻范畴呢？应该用逻辑来加以规范、证明嘛！

尽管如此，范畴的思想还是对当时希腊人的思想产生了巨大的指导意义，这就是科学精神的产生。希腊科学精神的产生，在亚里士多德这里，通过十个范畴就已经形成了。当然以前也有科学精神的萌芽，但是因为没有用这些具体的范畴来指导科学研究，所以还处于一种未完成状态。可以说到亚里士多德这里，科学精神就完成了，对后世两千年的西方的哲学史和科学史产生了巨大的指导意义。在这里，谈概念就是谈宾词和范畴，其中对实体作定义，应该说是范畴论（概念论）的核心。概念围绕着定义而展开，最后是要指向实体的。但是所谓定义就不是一个概念了，而是两个概念或者三个概念，如人是理性的动物，其中就有三个概念了。定义就不再是简单的概念问题了，而是判断问题了，所以我们下面就来考察他的判断论。

（三）判断论

亚里士多德认为，人的思维只有形成了判断，才具有认识论的意义。一个单纯的概念是没有认识论意义的，如不管说"一朵花"也好，或者说"红色"、"马"还是"神"也好，这些概念单独孤立起来看，没有认识论意义，没有给人以真或者假的判断。你不能说它们是对还是错。能够带来真、假或者正确、错误的，只能是判断。

在亚里士多德看来，判断也可以称之为命题，判断与命题并没有作严格的区分。后来的人才把它们做了区分，认为命题和判断是不一样的，判断要涉及对象，而命题不一定涉及对象。亚里士多德没有做这个区分，他认为判断或者说命题有一个标准，这就是说，它其中必须包含正确、错误或者真、假的问题。如果有一个句子，你可以说这个判断是真的或者假的，那么这就是判断或者命题。但是有些句子不是判断，比如说祈使句、命令句都不属于判断，因为无所谓真假，不存在真假的问题；还有诗歌也不是判断。真假取决于事实如何，亚里士多德在这里说得很明确，谈一个判断的真假，就是完全看是否符合事实。比如我说你脸白，并不是因为我说你脸白，你的脸就白了，而是你的脸是白的，所以我说你的脸是白的才是对的。这就是所谓逻辑判断具有认识论意义的根源，逻辑判断的正确、错误或者真、假，在亚里士多德看来，等同于跟对象符合或者不符合。所以，他是从认识论的角度来谈判断的，当然现在逻辑已经远远偏离了这样一种标准，完全不考虑对象的问题或者客观存在的问题，它是考虑另外一些问题，纯粹的逻辑标准问题。

判断总是由主词、系词和宾词组成的。对判断中间的这个系词，亚里士多德也有一种说法。系词"是"（"S 是 P"的"是"），后来的逻辑学家通常把它看成只是"联系词"，只起一种联结作用，本身没有什么意义，但是亚里士多德不是这样看的，他认为系词是动词，属于谓语。我们通常在逻辑学里面，也讲"是"是系动词。亚里士多德看得很认真，认为"是"是一个系动词，它有时态，就是说过去做了什么、现在做了什么、将来做了什么，都反映在"是"这个动作里面。"是"是一个动作，与时间有关，所以它具有本体论的意义。在亚里士多德看来，逻辑学的系词具有本体论的意义，它是现实发生的一个举动，而且在什么时候发生的都会表示出来。系词的时态具有本体论的意义，这就是后来的（现代的）哲学家比如说海德格尔非常强调的"存在与时间"问题。存在就是"是"，与时间和时态是密不可分的。这在西方的语言里面体现得很明显，"是"这个系词本身是具有时态的，具有本体论、存在论意义。

再一个问题就是判断的分类。亚里士多德作了一个基本的分类，这个分类的基本构架一直保持下来，直到康德的判断分类还

第三讲 精神哲学之集大成——亚里士多德形而上学

是大致沿用了亚里士多德的分类。他把判断分成四类，康德也是把判断分成四类。第一类是肯定判断和否定判断。肯定和否定涉及两个方面：一个是涉及真和假的问题，肯定就是说"是"，即有这么一回事，而否定就是说"不是"，即没有这么回事，这涉及真和假的问题；另一方面又涉及矛盾律，肯定和否定不能同时相冲突，你要么肯定，要么否定，但不能同时肯定又否定，这就是自相矛盾了。这是从逻辑上来谈的，真假是从认识论上来谈的。所以肯定和否定在亚里士多德那里就有两层含义：一层是认识论的含义，一层是纯粹形式逻辑的含义。但是在当时，亚里士多德还没有把它们严格地区分开来，他虽然看到了这两方面，但还是认为它们差不多，在他那里认识论和形式逻辑还没有分家。肯定判断和否定判断在康德的判断表里面，是属于质的判断。

第二类判断就是全称判断和单称判断。全称判断和单称判断在康德那里是属于量的判断，全和单、多和一都有一种量的关系。当然按照康德的分法都是三分法的，都是三个一组，亚里士多德这里都是两分法的，这是一点不同。但这四大类的划分方法是差不多的。

第三类判断是简单判断和复合判断。简单判断在康德那里是"定言判断"，又翻译为"直言判断"；复合判断在康德那里是假言判断和选言判断，假言判断就是如果怎么样，那就怎么样，是由两个判断复合起来的，选言判断是由多个判断复合起来的。但是在亚里士多德这里没有如此详细的说明，他只是说有简单和复合的判断。

第四类判断就是模态判断，在康德那里就是或然的、实然的和必然的判断。但是亚里士多德只是提出来，没有作发挥，甚至没有写完。后来的研究者认为亚里士多德对于模态判断做的论述是最不充分的，他只是提出了一个问题。特别是后来的波兰逻辑学家卢卡西维茨，专门写了一个《亚里士多德的三段论》，来讨论这个模态逻辑。现在的模态逻辑，就是抓住亚里士多德的这样一种可能性、现实性、必然性的模态判断，大做文章。

从这种判断分类里面，我们已经能看出来亚里士多德有一种"工具论"的倾向，但是这种倾向是把做判断的主体悬置起来了。在康德看来，谁在做判断这个问题并不在亚里士多德的考虑范围之内，所以他的判断都是两分法的，一正一反，至于合题是不考虑的。其实合题正好是凸现出判断主体的统摄作用的，是凸现判断的一种能动性作用的，也就是康德所说的"综合"作用。亚里士多德的判断是分析性的，而康德的判断是考虑综合方面的，所以康德的范畴表以及判断表都是三分法的，正反合三方面是有机结合的。从这里我们可以看出来，亚里士多德的判断理论并没有贯彻他在本体论中的那种努斯精神、能动性精神，在逻辑学里面，亚里士多德把他的努斯精神抛开了，单纯地寻求逻辑理性，探寻逻各斯自身的规律。

（四）三段论推理

三段论推理是亚里士多德对逻辑的最大贡献，他自己也是这样认为的，所花费的精力也是最多的。概念、范畴、判断都是比较轻松的，只有三段论推理最复杂、最麻烦。

什么是三段论？亚里士多德给它下了一个定义，即："三段论是一种论说，在其中某些东西被肯定了，另外一个东西就必然由于这些基本的东西而成立。"在三段论推理中，有一些前提，即大前提、小前提，如果给出了大前提和小前提，它们"被肯定了"，那么"另外一个东西"（结论）就必然由于这些前提而"成立"。我们注意这里面讲的是"必然性"，三段论主要体现大前

第三讲 精神哲学之集大成——亚里士多德形而上学

提和小前提与结论之间有一种必然的关系，只要前提成立，结论就必然成立。根据这样一种法则，亚里士多德提出了三段论推理最基本的形式、最简单的形式。他认为最基本的三段论模式应该是这样的：最后那个词是包含在中间那个词里面，而中间那个词又要么包含在前面那个词里面，要么被排除在前面那个词之外。包含在内就是肯定判断，排除在外就是否定判断。不管是包含还是排除，反正中间的词一方面包含后面那个词，另一方面又包含在前面那个词中或者排除在前面那个词之外，这就是最基本的三段论推理形式。所有的三段论推理都有三个词，而且只有三个词，有四个词就不行了，那就是"四名词"错误了。所以说，在三段论推理中只能有或者仅仅有三个词，叫做大词、中词和小词。大词就是大前提里面为主的那个词，中词就是小前提里面为主的那个词，小词就是结论里面为主的那个词。这三个词必须环环相扣，一个包含一个。他做了这样一个规定，基本的形式应该是这样的：最后的小词包含在中词里面，中词又包含在大词里面或者被排除在大词之外，那么最先的词和最后的词也就是大词和小词就发生必然的关系，也就是说大词和小词借助中词而发生必然的关系。这样的形式就属于三段论的第一格，即最简单、最清楚明白的形式，哪怕智商不高的人，一看也就明白了。

　　但是在第一格的基础之上，大词、小词和中词可以变动，可以换位，我们受过形式逻辑训练的人都知道，里面的词可以换位，正确的换位能够保持推理的价值不变，结论仍然是正确的。那么换位有很多种方式，换来换去有各种组合，加上肯定判断和否定判断，你在肯定的情况下和在否定的情况下换位，情况都有所不同；再加上一个因素就是全称判断和特称判断，在这两种情况下换位又不同；而所有这些因素交织起来又有更多不同，这就越来越复杂。亚里士多德的精力就放在了这些上面，像这样的多种因素交织在一起，我们要把它理清楚，怎么办？最后他算出来，考虑到所有这些因素，三段论可能的形式有一百多种形式。但同时他又发现，这里面有很多是错误的，其中只有二十四组是成立的，能够成立的每一组他称之为"式"，所以三段论式总共可以分为四个格和二十四个式。当时亚里士多德提出来只有三个格，后来的人把他补充了，说其实还有第四个格，总共有二十四个式，这就使它更为完善了。但是所有这些式和格均可还原为第一格，所以第一格可以反过来检验三段论是否成立，成为了三段论正确与否的一条标准。

所以当你用其他的格和式的时候，往往会把问题变得十分复杂；为了更清楚地说明它的正确性，或者说看出它到底是对还是错，我们有一个办法，就是把它还原为三段论的第一格，看看它到底对不对。如果一还原马上就清楚了，那就可以肯定这是对的或者错的。因为第一个格是最清楚的，所以你一还原就能检验其他三段论的形式是否成立。比如说"所有的人都是有理性的，苏格拉底是人，所以苏格拉底是有理性的"。这是最简单的第一格形式，甚至你面对的是一个白痴，你给他这样讲，他也会点头，一看便知，是最明白的。如果是其他的你转来转去就不一定明白了，所以你要寻求一种技巧把它还原为这样的三段论式。

三段论的四个格是被科学证明的，在科学上运用十分广泛，它表达了演绎推理具有一种必然性。也即是说，你给了我这样的一个知识前提，我就可以根据这个前提推出其他的知识，其他的知识当然包含在这个知识里面，但是如果不经过推理我可能就发现不出来。经过推理就能举一反三，有一个知识给了你，你就很快能够推出别的知识，所以它非常有用。这就是我们通常讲的演绎推理：一个大前提加上一个小前提，你就可以演绎出你所要的

第三讲 精神哲学之集大成——亚里士多德形而上学

结论,它用得十分广泛。

亚里士多德确立了这种推理所运用的规则,第一规则就是:一个三段论不能多于三个名词,这就是我们刚才讲的多于三个名词就会犯四名词错误。四名词错误就导致要么前提和结论根本不相干,要么就是偷换概念,把两个不同的概念当成一个概念了,这就是四名词错误。第二规则就是:前提之一必须是肯定判断,大前提和小前提你不能全是否定判断,否则你就推不出任何东西来。大前提、小前提要么全是肯定的,要么至少其中一个是肯定的,才能够推出结论来。第三个规则就是:必有一个命题是全称命题,没有一个全称命题你就得不出一个必然结论,大前提和小前提里面必须有一个全称命题你才能推出一个结论,你仅仅说有些什么、有些什么,那是无济于事的。比如说"有些人是要死的,有些男人是人",那么结果会怎么样呢?推不出来一个结论。你必须说,"所有的人都要死的,有些男人是人,所以有些男人是要死的"。所以我们在理论研究的时候,如果注意逻辑运用的话,就要寻求全称命题。我曾经讲到和武汉大学的郭齐勇院长讨论问题的时候,他说,"你对中国哲学不要去追寻什么全称命题,在中国哲学里面你要非常谨慎,不要下全称判断。"我说:"如果不下全称判断,就没有理论意义。"如果你说的都是"有些"怎么怎么样,"某种情况下"怎么怎么样,你说了很多这样的话,但全都近乎废话,没有必然性的意义,顶多有统计学上的意义。在逻辑上说就是,在前提里面必须有一个全称命题,才能推出结论,这个结论才有必然性。第四个规则就是:全称结论的两个前提都必须是全称的,如果你想得出一个全称结论,那它的两个前提都必须是全称的。第五个规则是:如果你的结论是一个肯定的结论,那么你的两个前提都必须是肯定的。这是五个三段论推理的逻辑规则。

前面讲的都是证明的三段论，除了证明的三段论以外，亚里士多德还提出了另外一种三段论——辩证三段论。辩证三段论就是不要求前提是必然的，只要求前提是或然的。一般来说，如果三段论的前提是假的，那肯定推不出真命题；三段论并不能推出这个前提是真的，但是它要求你的前提是真的，然后才能进行科学证明。所以，一个三段论的前提必须假定是真的。相较而言，辩证的三段论不要求这个，你这个前提可以是可能的，不一定实有其人、实有其事，只要可能有这个前提，我也可以根据这个进行推论。那么这样的推论往往导致一种"二律背反"。当然"二律背反"这个词亚里士多德没有说，是康德后来说的。康德说，这样一个推论往往可以推出两个完全相反的推论，并且双方都合乎逻辑——因为它的前提是或然的，它可能有也可能没有，你从可能有这个角度提出一个命题、推论，我也可以从可能没有推出一个推论，那么这两个三段论可以完全相反，这当然就是"二律背反"。

所以辩证三段论往往推出两个相反的三段论，相对立、唱对台戏。你提出一个推论，我就提出另外一个推论和你唱对台戏。所以这样的推论并不是要证明它的一个结论，形式上是要证明它的结论，实际上是要检验它的前提，这个是很重要的。就是说辩证的推论实际上是为了检验它的前提，因为我提出一个推论，他又提出一个相反的推论，那么我就要考虑这个前提了。恰好由此我就可以看出这个前提的不可靠性，促使我去寻求一个可靠的前提。这个有点儿类似于柏拉图的辩证法，即从矛盾命题中寻求一个"通种"。所以它叫做"辩证的"推论、"辩证的"三段论。前面我已经讲到了柏拉图，他的辩证法是一种最高的思维方式、一种最高知识，它高出理智，是理性。理性比理智更高，理智一般是从一些公理出发来进行推论，比如说几何学。几何学是从公

第三讲　精神哲学之集大成——亚里士多德形而上学

理出发，公理是不需要讨论、证明的，是假定为真的；而理性的辩证法恰好就是要对这些公理进行怀疑、证明，它专门探讨那些在理智中不加怀疑的东西。那么亚里士多德的辩证推论恰好也是符合柏拉图这样的一种辩证法的，它检验前提的真实性。但和柏拉图不同的是，柏拉图把理性看成是最高的知识，在亚里士多德这里并不是最高的知识，它只是一种辅助的手段，真正的知识还是那种证明三段论所推出来的知识，那才是可靠的知识。

其实在辩证三段论里面也包含一种推理，那就是归纳推理。归纳逻辑我们今天探讨得也很热烈。归纳推理、归纳逻辑在亚里士多德看来也是辩证的推理，因为归纳推理的前提也是或然的，它是经验，是从感性出发，所以当然也是不可靠的。所以它和辩证推理有相同的结构，就是说，它也是从不可靠的前提出发。但是反过来看，它是一种科学探索的方法。它不像证明的三段论，这是已经确定的，从前提里面推出必然的结论。归纳法的前提是不确定的，它只是一种探索、试探、不完全归纳。真正的归纳是不完全归纳，这种归纳没有一种必然性，只有一种或然性，你归纳的知识举例子举得再多，它也只具有或然性。但是不是它就完全没有用呢？也不是。亚里士多德认为，这是一切学术研究的基础，因为它一是探索。人总有很多未知的领域。证明的三段论只能对已知的领域进行推理，但是对未知的领域，你要去探索，这就不得不用归纳法。归纳是立足于经验、感性的，但是归纳有它一定的作用，它是一切学术研究的基础，它为演绎三段论提供前提。但是从总的来看，亚里士多德对归纳的评价不如他对三段论演绎的评价，只是他也没有完全否定归纳的意义。当然归纳法除了不完全归纳以外，还有完全归纳，完全归纳法其实就是演绎，实际上是倒过来的演绎：你把所有的东西都列举完了，然后你再说是这个，不过是把已经说过的东西再说一遍，这没有什么很大的意义。所以真正有探索作用的是不完全归纳，探索未知世界，当然可能说错，不要紧的。你要探索但又怕犯错误，那怎么行呢？那就迈不开步子了。

最后还有一组就是诡辩三段论，它空有三段论的形式，其实是三段论的一种误用。亚里士多德认为，很多错误就出在这种诡辩的三段论。它的形式很多，比如违背前面讲到的三段论的规则、四名词等等，这都是诡辩的三段论。还有一些心理方面的诱导、诱供，这些都属于诡辩。针对诡辩的三段论，亚里士多德专门写了一个《辨谬篇》，又译作《智者的谬误》，对这些逻辑错误加以澄清。就是在三段论推理的时候，往往在什么方面容易出错，偷换论题、偷换概念、四名词错误之类，对这些方面加以澄清，这个当然也是很有用的。

所以三段论学说是亚里士多德理论中很重要的一个贡献。它的特征就是把一切都变得精密化、量化，特别是证明的三段论。当然量化不是数学上的，而是全称、单称，这个单称当然包含在全称里面。但是同时也就机械化了，在形式逻辑方面有一种形式化、量化的倾向，同时也隐藏着一个很深的危险，就是把努斯精神放在一边，单纯探讨逻辑理性，这就开始偏离了它的出发点。我们前面讲到他的本体论以及宇宙辩证论，这里面都包含有丰富的努斯精神，但是唯独在形式逻辑里面它不包含努斯精神，或者说努斯精神已经被淡化。当然完全没有也不好说，但是总的特色就是量化和精密化，可操作性变成一种技巧。三段论是可以操作的，所以后来发展出数理逻辑、计算机程序语言，这都是可以操作的。但是这里面包含着使他的体系解体的危险，这里面给了我们预先的提示。

（五）逻辑公理

除了三段论以外，亚里士多德在第四个方面的贡献就是逻辑公理。一个三段论，它的前提是不能证明的，它要另外一个三段论来证明，或者说要归纳逻辑来提供。所以，三段论要追寻它的前提的话，会导致一种无穷的后退，用一个三段论来证明它的前提，这个三段论的前提又需要证明。这个后退有没有尽头呢？后退到最后有两个尽头：一方面是感觉，后退到最后你没有什么别的根据，就是根据你的感觉，这就是归纳法，归纳法就是立足于感觉、经验；另一方面可以后退到直观的公理，一些自明的东西、逻辑公理，不需要证明。他称之为一些"终极的规律"。所谓逻辑公理就是在这种情况下提出来的，这样的规律就表现为下面这样一些说法，比如说："任何事物不可能同时既是又不是"，或者换一种说法："相互矛盾的判断不能同时为真"，这就是矛盾律了。

矛盾律我们有时候也翻译成"不矛盾律"，严格说来应该是"不矛盾律"，但是它的名字就叫做"矛盾律"，即关于矛盾的规律。那么从矛盾律里面引出同一律，就是："一切真实的事物必须在任何方面自身始终如一"，这就是同一律。你不能自相矛盾，必须自身同一，这讲的实际上是一回事情。矛盾律和同一律只是同一个规律的两种不同表述，正反两方面的表述。但是这两种表述，矛盾律和同一律的表述，在亚里士多德那里都还不是完全纯粹的，都还不是纯粹的表述，我们不好把它看作是纯逻辑原则。后来也有人指出了这一点，比如说康德就指出了矛盾律的表述在亚里士多德那里并不纯粹。为什么不纯粹呢？因为它加进了"时间"的概念——"同时"。时间它不是一个逻辑概念，你表述一个逻辑公理怎么把时间纳入进来了呢？它只应该表述概念和概念的关系。

你不能把时间混进来，时间属于本体论，属于我们这个世界的存在方式。"任何事物不可能同时既是又不是"，"相互矛盾的判断不能同时为真"，这里面的"同时"应该去掉，才是纯粹的逻辑原则。再就是同一律，"一切真实的事物必须在任何方面自身始终如一"，"真实的事物"，这又是一个本体论的概念，它不属于逻辑概念。所以康德对亚里士多德的这个公理也有所批判，我们在《纯粹理性批判》里面可以看到。

但是亚里士多德这样提出来，在他看来却是很自然的，因为逻辑公理在他那里并没有一定要形式化、纯粹化的这样一种要求。在他看来，形式逻辑跟本体论还是一致的，在他那里这两者还处于一种朴素的未分化状态。亚里士多德的逻辑是一种朴素的三统一状态，逻辑、认识论和本体论处于一种还未完全分化的过程之中。他认为，如果离开了本体论的理解，那么逻辑的公理就会失去作用了。为什么他要把本体论的概念纳入进来呢？他就是这样理解的，如果把本体论的因素去掉，那么逻辑公理就不起作用了。比如说他举了个例子："明天将会发生海战"这样一个判断，另外一个判断是"明天将不会发生海战"，这两个判断究竟哪个对哪个错呢？按照不矛盾律，这两个命题不可能共存，必有一错。但是如果你不考虑本体论，比如说时间的问题，存在的问题，那么这两个判断本身就没有对错问题。明天还没来嘛，明天还没存在。明天没有存在你怎么能说它将会发生海战或者不会发生海战呢？所以他认为，逻辑的公理必须针对存在的事物，才能做出对还是错的判断。当然这个问题后来很多人研究，卢卡西维茨也研究，就是说"明天"的事情它属于模态，属于模态判断的问题。这里的模态判断就是"可能性"判断，将来的事情是属于可能性的。那么这里头还是有些问题值得探讨的，但是在亚里士多德那里并没有深入。

在他的逻辑公理里面还有一条公理是排中律，只有排中律是表现为比较纯粹的逻辑公理的。他是这样表述的："两个互相矛盾的命题之间不能有居中者。"这个就很纯粹了，两个互相矛盾的命题之间不能有居中者，不能说既是这，又不是这，在是这和不是这之间没有一个中间的，要么你就选择是，要么你就选择不是，你不能两者都占着，这就是排中律。

那么，尽管亚里士多德对逻辑公理的理解跟本体论有千丝万缕的联系，但是它的总体趋势是脱离本体论的。亚里士多德自己没有明确地意识到这一点，所以我们说他还处于一种朴素的混沌状态，他的理论是一种混沌的统一体，认识论、本体论和逻辑是混沌的统一体。但是它有脱离本体论的总体趋势，也就是说忽略存在的事物而走向形式化。当然后人对这一点的理解更加强了这一趋势，比如说把它称之为"工具论"，并且清除了它的一些还带有某些认识论和本体论色彩的表述，使它更加纯粹化，更加形式化，特别是现代分析逻辑、数理逻辑，把这一点推到了极致。那么这里头就包含有一种分裂，这个逻辑公理的趋势将要脱离本体论，而走上一条形式化、工具化的道路。

（六）亚里士多德形而上学体系的危机

所以，亚里士多德的形而上学体系建立起来的这样一个大厦，隐藏着一种内在的分裂的危机。这个危机，我们可以归结为逻辑的形式主义与它的宇宙论本体格格不入和相互冲突的危机。他的宇宙论、他的本体论本来是充满着努斯精神的能动性，充满着生命的内容、活生生的内容的，而他的逻辑却又是力图走向形式主义的。本来他的宇宙论包含着潜能和现实，它是一个能动的过程，是从潜能到现实，不断追求它的内在目的的这样一个能动过程，一切都在运动变化之中，无数具体的个别事物五彩缤纷的、丰富多彩的这样一个过程。但是现在，在形式逻辑这样一种眼光看来，所有这些运动都被归结为实体的一种偶性，实体也可以运动，也可以不运动，都是外部偶然事物所带给它的，实体本身是不动的。产生和消灭以及质的变化、潜能的实现，这些在逻辑的眼光看来都不属于真正的运动，真正的运动最终被归结为实体的空间的位移，这是很机械的，不再是潜能的实现，不再有内在的目的。

比如说，在亚里士多德的《物理学》里面，他就把运动定义为空间的位移。但是，也正是在《物理学》里面，他曾经把这个运动定义为从潜能到实现。"潜在的东西实现出来那就是运动"，我们前面谈到了他有过这样的定义。但是他又认为，从根本上说，真正的运动就是空间上的位移，位置的移动。但是，位置的移动那就不是潜能到实现。我们曾经举过一个例子，在他看来，一块石头从山上滚下来是因为它"要"滚下来，它有一种目的，它滚下来对它更"好"。这个就是从潜能到实现的一种解释，一种生命目的论的解释。这个目的论的解释当然很可笑，它不符合科学。不符合什么科学呢？不符合机械力学。机械力学就要把所有的目的论排除出去，那就是位置移动，运动就是空间的位移。这两种对运动的理解在亚里士多德那里同时并存，但又是格格不入、非常冲突的。也就是对运动的辩证的理解、内在的理解或者说目的论的理解和外在的机械论的理解相冲突。这种冲突本质上无非是努斯精神和逻各斯精神的冲突，是能动的自发性和逻辑的规范性之间的冲突。

在《形而上学》里面，他在解释运动时把这个辩证的能动的理解视为最根本的，而机械地理解运动只是表面的。所以他认为，比如物体要运动到某处去是因为那个地方对它来说是一个最好的位置，所以位置的移动只是目的论的一种外在表现，一种表面现象，它的本质还是一种内在目的活动。而在《物理学》里面却倒过来了，就是说那种目的性的解释只是表面现象，只是非本质的，而它的真正本质却是空间的移动、位置移动。这两种不同的对应的解释在《形而上学》和在《物理学》两本书里面呈现出一种不同的关系。原来是更重视它的这个内在目的论的理解，里面有辩证法和努斯精神在内；但是到了《物理学》里面却更重视机械论的理解，以便对运动作更加精确的定量化的规范。后面这种理解当然跟伽利略和牛顿物理学以来的近代自然科学要更接近一些。原来的那种理解自伽利略以后就被抛弃了，被看作是不成熟的，或者是低层次的一种迷信的观点。万物怎么会都有目的呢？一块石头怎么会有目的呢？肯定没有！所以亚里士多德的这个矛盾恰好是由他的两种思维方式所导致的。一种是逻辑的方式，你要用机械运动来解释的话，那就是一种逻辑的思维方式，它合乎形式逻辑的规范，具有逻各斯的精密性；另外一种方式就是他的本体论方式，他的本体论是充满着生命的、生机勃勃的，是由努斯在里面推动的。这个我们前面已经讲到过了。

　　所以亚里士多德的形式逻辑的基本原则，与它的能动的本体论和神学目的论两者之间的矛盾，可以看作是他的形而上学体系内部的基本矛盾。它是一个基本矛盾，既包含有辩证法和机械论的矛盾，也包含有唯心主义和唯物主义的矛盾。神学目的论当然是唯心主义，但是他又有机械论，用机械的方式来解释运动，又有机械唯物主义的成分，最终这两种成分的相互冲突导致了他的形而上学的解体。当然在亚里士多德那里还没有解体，但后来的人恰好就是抓住他的体系的某一个方面而解构了亚里士多德的这样一个统一体。他把两种相互冲突的要素拢在一起构成一个整体，但是它里面有矛盾，它不能够完全统一。所以后来的人就是每一个人抓住一方面，使他的这样一个体系再也不能维持下去了。就亚里士多德本人来说，尽管他发明了形式逻辑，但形式逻辑其实并不是他建立自己形而上学体系的方法论武器；我们可以看得很明白，他的实体学说也好，神学目的论也好，宇宙论也好，都没有真正严格运用他的形式逻辑，这一套体系他并不是用他的严格的形式逻辑、三段论推理建立起来的，而是用那种内在的、辩证的世界观才建立起来的。

所以，一方面，形式逻辑并不是他建立自己体系的方法论武器；另一方面，他的神学的形而上学也不具有形式逻辑的严密性。他的这个神学的最高点，他的神学目的论最高点，神本身，还显得非常之幼稚。什么叫神啊？我们前面讲努斯，而且把它抬得很高，好像它是一个统一体，它使得宇宙成为一个有机体。但是按照亚里士多德自己的解释，有时候他又是完全另外一种解释。他讲这个神，就是天上的星，天上的星有很多，其中有四十九颗或者是五十五颗星是神。所以他这里的神，还保留着古希腊的那种多神论的残余，他认为神有多种，有多个，并不是他所谓的这种人格唯一的神。所以他的努斯精神其实并没有真正地贯彻到底，而在形式逻辑里面就丧失掉了。后来的哲学家、特别是古罗马的那些哲学家们，他们注意的中心恰好是亚里士多德丧失了的这一方面。这就是说，神也好，人也好，他们人格的统一性、人格的独立性都体现为一种"自我意识的哲学"，这就把万物的努斯从自然和宇宙的本体提升到一种人格和人生哲学的层次上来了。只有这种更高层次的努斯才不至于被逻辑理性的规范所破坏，而能够驾驭甚至超越逻辑理性。明确提出这一点的是古罗马的哲学家们，他们把整个哲学的焦点集中于自我意识的哲学，注意这一个方面的问题，从而建立起来了一些新型的哲学体系。自我意识的哲学有很多种，他们各执一端，从亚里士多德体系里面抓住某一个方面加以扩展，建立起某种自我意识的哲学。而这些都是亚里士多德所忽视的，这就导致了亚里士多德的形而上学的解体。所以我们在第四讲要讲的就是古代形而上学的解体。

第四讲

古代形而上学的解体

亚里士多德的形而上学的解体是一个很长的过程。不是说亚里士多德自己就把它解体了，也不是说，在他以后马上就崩溃了，而是说后来的哲学家发挥它体系中的某些环节、某些要素，把它们作为建立自我意识哲学的一种材料或手段，并且立足于这样一个环节，立足于这样一个手段，而返回到前亚里士多德。哲学史的发展，往往有这样一种循环、回旋的状况，返回到以前，其实是为了更好地前进。在亚里士多德之前为他所超越、所批判的那些哲学家，在这个时候又复活了。哲学家们返回到前亚里士多德去重新吸收和再消化那些哲学的营养，从而在新的基础上建立起了各自的自我意识的哲学。

其中，最重要的自我意识的哲学有两种，他们分别立足于亚里士多德的两大原则。一种是个别自我意识的原则，个别自我意识的哲学乃是立足于亚里士多德的个别性原则。我们前面讲到亚里士多德的本体论强调个别性，当然不是孤立地强调个别性，而是有一种个别和一般的辩证关系，在这种辩证关系中强调一种个别性。这就是伊壁鸠鲁派的个别自我意识的哲学。在强调个别实体的同时，伊壁鸠鲁强调的是能动性，个体的自发的能动性。个别性是一种能动性，一种努斯精神。与此同时他还强调经验、感觉，个别事物是感觉、经验的对象嘛。这就是伊壁鸠鲁的哲学。而另外一派则抓住了亚里士多德体系中的普遍性的原则，也就是逻各斯这一方面，强调形式。亚里士多德的"形式"有一种普遍性的作用，当然它也有它的个别性，但是这一派主要是强调和发展了形式的普遍性这一方面，强调它的逻辑规范和概念的种属关系，发展了逻各斯学说和形式逻辑，崇尚必然性和命运，同时在认识论上强调理性主义，这就属于斯多亚派的普遍自我意识的哲学。

下面我们首先来介绍这两派。

一、伊壁鸠鲁学派：个别自我意识的哲学

（一）对象意识和自我意识的同一

首先是个别自我意识的哲学，就是伊壁鸠鲁派。伊壁鸠鲁生活于公元前 341 年到公元前 270 年，正值西方历史上的"希腊化"时期，即马其顿统一全希腊并把希腊文化扩展到整个地中海沿岸的时期。伊壁鸠鲁的学派在罗马时代非常盛行，虽然伊壁鸠鲁本人生活在希腊化时期，但他的派别一直延续到整个罗马时代，所以我们把它归之于罗马哲学。他把自然哲学当作人生哲学的工具，这是罗马哲学的一个很重要的贡献，很多哲学家都是把自然哲学当作人生哲学的一个必要的支撑点。就是说你要建立起人生哲学，那么你对自然知识应该了解得很多，并建立起了自己的一套看法。但是很明显，哲学的重心和核心这时已经从自然哲学，已经从本体论、认识论和逻辑学转移到了人生哲学、伦理学、道德的方面。所以当时罗马的各种人生哲学是到处都流行的，这跟柏拉图、亚里士多德时代已经大不一样了，亚里士多德时代以前的人还显得很幼稚，一心关注外部世界，充满了惊奇感。即使是苏格拉底和柏拉图的精神哲学，也仅仅是立足于一种灵魂学说，而不是人生哲学。到了罗马时代，哲学家开始转向内心，考虑人生的问题，考虑人生的价值，考虑个人的归属，安身立命，要考虑这些问题。以前的人也不是完全不考虑，如苏格拉底也有这方面的一些萌芽。

但是现在人们把这些问题当作了哲学的核心。所以这时自然哲学以及宇宙论、本体论这些东西都是为人生哲学服务的，也就是说回答这样一个问题：什么样的人生才是值得过的，这个是哲学的更深层的问题。

那么要回答这个问题，当然要取决于我们对自然的看法，也就是说如何看待自然。在伊壁鸠鲁看来，自然界是感性的。他是经验主义者，认为自然界的事物都是个别具体的对象，是感性的。那么，既然自然界是感性的，人也应该是感性的。人在对象上看到了自己，这是伊壁鸠鲁以及当时的那些哲学家共同的思维模式，他们之所以要观察自然界，就是为了在自然界那里看到自己。自然界是怎么样的，他们就在自然界上面看到自己是怎么样的。这就建立了一种自我意识的结构。

所谓自我意识的结构，并不是"我就是我"，真正的自我意识的结构是对象意识和自我意识的"原则同格"，自我意识和对象意识在原则上是同格的。自我就是对象，对象就是自我，我在对象上看到的是自己，我通过看自己也可以看到对象。这就是一种自我意识。我们在日常生活中也很容易明白什么是自我意识。什么是自我意识？就是把别人当作自己来看，把自己当作别人来看，这就叫自我意识。你如果不能把自己当作别人来看，我就是我，我行我素，我想怎么样就怎么样，我们就会说这个人缺乏自我意识。具有自我意识的人会想：我这样做别人会怎么看我呢？他就会用一个别人的眼睛去看自己，把自己看作是别人，并且把别人也看作是自己，这样的人就有了自我意识了。所以，自我意识和对象意识是不可分的。这个别人也可能不是另外一个人，也可能是自然界，也可能只是一个自然对象；但是，我在看这个对象的时候，我把它人格化了，我把自己对象化了，我把对象人格化了。我把对象看作是一个人，看作是和我同样性质的。

在罗马哲学，在伊壁鸠鲁派这里，他们就提出：自然界是感性的，那么人也是感性的，我们人和自然界具有同样的性质；自然界就是我们人所看到的那个样子，所以是人格化的自然界。因此，伊壁鸠鲁一直坚持感性的可靠性。他曾经讲，太阳其实就是在我们眼睛里面的那个样子，它其实就是我们所看到的那么大。你不要以为太阳离我们很远就大得不得了，那是你的理性推出来的，我只相信我的感官，太阳没有你想像的那么大，它就是我们所看到的那么大，比如说一个圆盘子那么大。他曾经说出这样的话来，当然引起了其他人的嘲笑，认为伊壁鸠鲁太没知识了，太阳怎么可能只有你说的盘子那么大呢？那只是你看到的而已。但是，这恰好反映出伊壁鸠鲁的这样一种自我意识，这样一种眼光。就是说，我所看到的这个世界就是我所看到的那个样子，它是人化了的、"我化"了的一个世界。至于它背后实际上是怎么样的，这个问题没有意义。世界就是我看到的那个样子，这就是他的感性论。

这种感性论是符合于对象意识和自我意识的这样一套同一结构的，因此，我们可以把伊壁鸠鲁的哲学称之为一种个别自我意识的哲学。他个人看到的那个对象就是他自己，而这种个别自我意识就是感性的自我意识。所以在他这里，我们看出这样一种哲学，它的哲学形态不再取决于对象世界本身的客观结构，即一种独立的、不以人的意识为转移的结构，而是取决于对象世界如何为我的生活态度提供依据、提供心灵的归宿。他为什么强调感性？感性可以为我的生活态度提供依据，并且可以使我的心灵得到安慰、提供归宿。这就是所谓的"不动心"。"不动心"是罗马哲学家们所共同追求的一种哲人的境界，就是心灵的安息。有了这样一种自然观，我们就能得出自然界就是我所看到的那个样子，没有什么可怕的，没有任何事情可以威胁我心灵的平静。我没有看到的东西我就不相信它，什么神啊鬼啊，我都可以不理它，没有任何事。我看到的东西都是很平常的，所以我就可以"不动心"。

由此，在生活态度上，伊壁鸠鲁强调一种幸福主义和享乐主义。他强调感性的享乐，认为人生就是要享乐，就是要追求幸福。为什么？就是因为世界是感性的自然，所以人的生活要过得自然，不要勉强，想要干什么就去干什么。这就是享乐主义。当然这个享乐主义被伊壁鸠鲁派后来的追随者们夸大了，甚至于将它歪曲了，变成一种纵欲主义。而在伊壁鸠鲁看来，纵欲主义并不是真正的享乐主义，纵欲会带来痛苦，所以真正的享乐主义是主张节制的。自然界也有它自身的度，自然界的感性也不是毫无节制的，所以人的享乐也一定要节制。节制不是为了限制感性，而是为了更多地提供感性的享乐。比如说，要喝酒就不要喝醉，喝醉了那肯定会带来痛苦，你会后悔的。所以，有节制是你每天喝酒、每天享乐的一个条件，因此不能喝醉。

（二）原子偏斜学说

伊壁鸠鲁的原子论和德谟克利特的原子论有许多共同的地方。很多人就说伊壁鸠鲁的原子论和德谟克利特的原子论是一个东西，甚至说他所谓的原子论其实就是抄袭了德谟克利特的原子论。但是，两者之间还是有区别的。马克思的《博士论文》就专门考察这个问题："德谟克利特的原子论和伊壁鸠鲁的原子论的区别（差异）"。那么这些差异在什么地方呢？就是伊壁鸠鲁对德谟克利特的原子论进行了改进，这个改进主要有两个方面：

第一，原子不仅仅是形状、大小有区别，而且有重量上的区别。德谟克利特认为原子之间没有别的区别，只是形状、大小不同，也许还有运动的速度会不同，但是伊壁鸠鲁就提出重量上的区别。这样一个区别提出来有什么意义呢？它的意义就在于，伊壁鸠鲁把运动不再像德谟克利特那样完全归结于外界的推动、外力的传递。德谟克利特不能解决外力的最终来源问题，运动的动力源找不到，因此动力源的问题是德谟克利特的一块心病，是他证明不了的。伊壁鸠鲁把它归结为重量，就是运动来自原子内部的重量，重的东西它要下降，于是就开始运动了。重量的作用就是把运动解释为出自原子内部的本性。

第二，运动除了直线运动之外，还有另外一种运动叫"偏斜运动"，偏离直线、偏离自己的轨道。那么，偏离直线的轨道是为什么呢？他没有说，所以这一点使得伊壁鸠鲁的学说在后世被批得一塌糊涂，人们说他连常识都不懂！他居然提出来偏斜运动，而且没有给出原因。没有任何原因，无缘无故地就偏斜，这显然是物理学上的失败嘛！解释不通的！按照亚里士多德的说法，科学就是要找原因，提出一个偏斜运动是没有原因的，显然是解释上的失误。但是伊壁鸠鲁坚持不给出原因，他认为原子就是有偏斜运动，它自己就会偏斜，他将其归于偶然性，所谓偏斜，也就是偶然的偏斜。后来马克思就为他辩护，就是说偏斜运动是伊壁鸠鲁的根本原则，你要他为这个根本原则找原因，那你就把它归结为别的东西了。他这个偏斜运动恰好就是没有原因，是因为它本身就是其他一切的原因嘛！由于有了偏斜运动，整个宇宙、整个世界才形成起来。如果没有偏斜运动,都是直线下降,都是平行的,那事物怎么形成?那还是一大排原子并肩下落,它们怎么能够纠结起来构成一个东西、构成万物呢?任何事物都不可能产生。正因为有自发的偏斜,所以原子和原子之间才有了纠结,才有了冲撞、碰撞,才有了乱七八糟的东西,然后再形成漩涡运动,最后在漩涡运动里形成各种各样的事物。所以,原子的偏斜是伊壁鸠鲁的根本原则,他实际上是暗示了自由,而对自由你能够提出原因吗?当然物理学不考虑自由,物理学不考虑自由是物理学的局限。伊壁鸠鲁提出来在科学的根子处是人的自由,这恰好是他的伟大之处,所以马克思把伊壁鸠鲁称为古代最伟大的启蒙思想家。你要他为自由提供原因,那你就在自然科学的名义下把他的伟大贡献给抹杀了。当然马克思这样评价有他自己的解释了,我们且不去管他。

但是伊壁鸠鲁这里至少可以体现出亚里士多德所谓的个别性的原则,这个原则在伊壁鸠鲁这里被他发挥到极致,他就强调个别性,而个别性再不能解释了。在亚里士多德那里也是这样,感性的个别性是没法解释的,它是一切推理的根据。我们刚才讲归纳法,一直归纳到感性,就再不能往下推了,它是一种探索、一种追求。所以这种偏斜恰好体现出亚里士多德的个别性原则。原子是个别性的,原子有其自发的能动性,它能够形成万物,是形成万物的动力源。所以,由这种偏斜伊壁鸠鲁就打破了决定论的束缚,而在德谟克利特那里还是决定论的,一切都是必然的。伊壁鸠鲁突破了决定论,而使得自然界成了一个自由的王国。没有什么决定性的东西,万物都是有偏斜的、有偶然性的,你不要把所有事情都算定了。而且,他还导向了一种无神论。我们没有看到神，即使有的话，神也是在我们看不到的地方，在不同的世界之间游荡，无所事事，不加入事物之间，因为我们看不到，所以神只是些游魂，并不能影响我们的生活。

关于感性和理性的关系，伊壁鸠鲁也做出了比较妥善的解决。他认为，感性和理性不能相互脱离，感性离不开理性，理性也离不开感性；但是，最终的准则是感性。感性会犯错误，但是感性也会纠正错误，感性的错误要由感性自身来纠正。理性当然也有用，但是根本的准则应该是感性。

当然，伊壁鸠鲁的原则里面也有内在矛盾：直线运动与偏斜运动的矛盾。原子本来是不可分的，但是如果你把运动归结为它自己的内部，那么你就必须把原子的内部加以分析，要分析其内部的运动是从哪里产生出来的。于是，原子本身就成了复合的了，就不再是原子（不可分）了，它就被分解了。马克思在其博士论文中也提出了这一点，就是直线和偏斜两种运动之间的矛盾，它涉及到单一性和复合性的矛盾。原子有两种特性：一个是单一性，不可分割嘛；另外一种是复合性，原子的运动又是由直线运动和偏斜运动复合而成的。那么单一的原子如何能够产生复合的运动？再一个就是认识论上面的，原子是看不见的，我们只能通过理性推出这两者之间存在矛盾，但这无法得到感性的证实，更不能由感性来解决。

那么，这样一种矛盾实际上可以归结为个别性原则本身的内部矛盾，是个别性本身固有的矛盾。所谓个别性的矛盾，就是"这一个"是不可说明的，但是你又要说它，你一去说明它，它就不再是"这一个"了，它就是那普遍的东西。黑格尔在《精神现象学》的第一章"感性的确定性"里面说的就是这个矛盾，"这一个"

不可说,你只能指着一个东西说"这一个",但是一旦你说出来"这一个",它就不再是"这一个"了,就变成另外一个了,你刚才的"这一个"和现在的"这一个"就不一样了,它就成了一个共相。所以"这一个"有种天然地偏离自身所指的倾向,这种倾向就在于人也好,万物也好,都是有生命的,不可能固定在一个地方不动。伊壁鸠鲁的个别性也是如此,他要表达出个别性的能动性来,但又要把这种能动性固定在普遍的原子身上。个别的、感性的东西当它被绝对孤立起来看待时,它就是不可分析、不可说明的;而当人们要通过它的外部关系对它加以说明时,它就不再是个别的,而成了普遍的东西了。对于这样一种矛盾,如果你要解决它,就必须要解释普遍的东西。从个别性我们发现了它固有的内在矛盾,那么如果我们来试一试从普遍性方面是否可以避免这种矛盾?那就走向了普遍自我意识的哲学,这就是斯多亚派。这一派不是从伊壁鸠鲁的个别性、自发性的努斯原则出发,而是抓住了亚里士多德的普遍性、规范性的逻各斯方面,来构成自我意识的哲学。这就是下面我们要讲的斯多亚派。

二、斯多亚派:普遍自我意识的哲学

(一)泛逻辑主义

斯多亚派又译作斯多葛派,是因为这些哲学家们经常在画廊之下讲学,画廊在希腊语里面称之为"stoa",所以称之为斯多亚派或者斯多葛派。它的创始人就是芝诺,这是另外一个芝诺,这个斯多亚派的芝诺跟前面讲的爱利亚派的芝诺是两个人。他生活在公元前336年到公元前264年。他的一生品格高尚，生活严谨，非常崇尚道德上的圣洁，但他最后是以上吊自杀而死。为什么？下面我们要具体地加以解释，为什么这么一个哲学家70多岁了最后要上吊？这很有哲学意义。他的接班人叫克雷安德也是自杀的，活了99岁，最后觉得不应该活下去了，绝食而死。可见这样的学派，它的宗旨是排斥幸福主义和享乐主义的，他们与伊壁鸠鲁学派是完全相对立的。他们提倡一种禁欲主义，追求道德高尚就不要去追求享受，而且要折磨自己，故意折磨自己，实行苦行主义。据说有的斯多亚派人为了证明自己的坚忍不拔，为了证明自己能够忍受苦难，互相比赛看哪个把手放到火上烧得更久。

这个学派把真理的标准从感性转向了理性，当然这个转向也有它的过渡，最初他们还是崇尚感觉、知觉的，但后来他们把理性称之为"内心的知觉"，而与感性、外在的知觉相区别。感性是外在的知觉，他们也强调知觉，但却强调内在的知觉。内在的知觉实际上是一种内心的理性直观，最清楚明白的事情只有在内心才能知道，外部的感官则是欺骗人的。所以他们排斥感性，主张用理性来统治感性，思考理性怎样制约感性的问题。于是他们特别重视逻辑，重视亚里士多德的"逻各斯"精神。刚才讲到伊壁鸠鲁重视亚里士多德的个别性原则和努斯的自发性，斯多亚派则是重视他的"逻各斯"精神，即理性推理的普遍性原则。据说，"logic"这个词就是斯多亚派创造出来的，他们把"逻各斯"发展成了"logic"。他们对付逻辑不像亚里士多德，亚里士多德仅仅是把逻辑当作他的形而上学的另外一部分，也就是工具论的一部分，而没有把逻辑运用到解释整个宇宙体系。斯多亚派恰好就是把逻辑推广到整个宇宙结构。整个宇宙结构都是一种逻辑结构，都是可以推出来的，宇宙中发生的任何事情都是可以按照不矛盾律等等推出来的。所以，他们的逻辑成了一种"泛逻辑主义"。

亚里士多德还不是泛逻辑主义，他虽然创立了形式逻辑，但形式逻辑并没有真正用到他自己的体系里面。斯多亚派则是用形式逻辑解释整个宇宙，所有的东西都可以用逻辑来解释。罗素在《西方哲学史》里讲到这种"泛逻辑"主义，认为任何事情都可以推出来，都是可以算出来的，后来像莱布尼兹就认为包括哲学问题我们都不要争了，现在我们拿出笔和纸来"算一算"，就可以把哲学问题解决了，这就是一种泛逻辑主义。当然莱布尼兹还加上一种"泛数学主义"，因为他的逻辑是一种数理逻辑论。

"泛逻辑主义"在斯多亚派那里是返回到了赫拉克利特的"逻各斯"，赫拉克利特的"逻各斯"就是一种解释世界的原则。但是赫拉克利特还有一个就是"火"的原则，斯多亚派也非常推崇。斯多亚派一个是推崇"逻各斯"，一个是推崇"火"，他们回到了赫拉克利特，就像伊壁鸠鲁回到德谟克利特一样，也是回到前亚里士多德的思想资源。斯多亚派认为整个世界是一场宇宙大火，而且这场大火是循环的，过几百年就循环一次，把一切都烧毁，一切又重新开始，而这场宇宙大火里面的规律和原则就是"逻各斯"，所以他们认为"逻各斯"是宇宙大火、世界大火的必然规律，是不可逃避的。对人来说就是他的命运，他们称之为"命运"，命运是不可逃避的，这是一种宿命论。

伊壁鸠鲁是反对宿命论的，他强调一种个别性、一种个体的偶然性，甚至强调一种自由。但是斯多亚派认为自由是很虚假的东西，一切都是命运所决定的，"太阳底下没有新东西"。这是西方的一句谚语,这句话从斯多亚派就有了。所以人活在世上,如果他能把握到"逻各斯",那么他活了这一世,就等于把握到了永恒,也就等于把握到了无数世。他活一辈子也就等于活了无数辈子,因为所有人世间的生活都没有什么区别,从本质上来说没有区别。从感性上来说当然每个人的生活都不一样;但从本质上来说,每个人生活底下的逻辑、"逻各斯"是完全一样的,理性的法则是完全一样的。为什么他们要自杀?原因就在这里。他觉得自己活够了,世界上的东西他都知道了。理性无非就是逻辑,亚里士多德的形式逻辑无非就是那个体系嘛,他几天就可以把它学完,学完了以后怎么样呢?他都知道了。所以活着也没多大意思,只要你把握到"逻各斯"、把握到人的命运,就可以不以人的生死为意,实际上你就永恒了,跟"逻各斯"融为一体了。所以自杀也好,生也好,死也好,实际上都是永生,都是不死的了。所以这些人认为人的使命就是要服从命运,服从命运就是服从"逻各斯",也就是服从自己的理性,只有自己的理性才能把握"逻各斯"。因为"逻各斯"就是宇宙的理性、世界的理性。服从命运你就可以不动心,不动心就表现在你不为任何感性的诱惑所动。你掌握了"逻各斯"怎么还会动心呢?你就达到了哲人境界。

所以最高的德性就是服从。服从什么呢?服从"逻各斯"、服从理性。斯多亚派人表现得十分自制、刚毅、忍耐,自觉地把自己的"小我"融入到"逻各斯"的"大我"里去,融入到一种普遍的理性里面去,所以这是一种普遍的自我意识。在世界的规律里面,在世界普遍的"逻各斯"的法则里面,他们看出了自我的本质,自我实际上是带有普遍性的。这是没错的,自我确实带有普遍性,虽然是"小我",里面也包含有普遍性,也包含有"大我",

"小我"和"大我"实际上是不可分的。那么伊壁鸠鲁派是强调了"小我"这一方面,自发性的一方面,斯多亚派则是强调"大我"这一方面,普遍性的一方面,强调要把自我融入到普遍理性中去。他们有一句名言:"命运是不可抗拒的,愿意的人命运领着走,不愿意的人命运拖着走"。反正得走,与其让命运拖着走,不如自己走,跟随着命运的指引自觉地走,这才是聪明人,才是智慧的。

(二)人格平等学说

既然理性的灵魂、人的灵魂、人的这种自我意识是一种普遍的理性,那么斯多亚派就提出一个很重要的原则:人人平等的原则。人人平等,每个人都有一个灵魂,每个人都通过这个灵魂而同化于普遍的"逻各斯"。在世界理性面前,每个人的个体的特点是微不足道的,人的感性、外在的东西是微不足道的。比如说你的高矮胖瘦、财产多少、地位高低、种族、荣誉、被人瞧得起瞧不起,这些东西都是身外之物,关键的是每个人都有理性,所以每个人都是平等的。每个人平等,所以每个人都有一个人格。所谓"人格",就是每个个体中的普遍性。每个人都有同样的人格,你不能侮辱别人的人格,不能把他降到人格以下,哪怕他犯了罪。我们今天讲罪犯也有他的人格,其实就是从斯多亚派哪里来的。

斯多亚派认为所有的人在人格上一律平等。感性的外部世界对于人格来说没有关系,人凭借自己的人格在感性的外部世界面前是完全独立的,所以他们取消了一切人和人之间的差异。比如说皇帝和奴隶,这个差距是最大的,最高的是皇帝,在奴隶社会最底层的是奴隶,但是他们认为这两者是平等的。同样,不同种族的人、外乡人、异邦人跟本国的、本城邦人一律平等，不管你从事什么职业，也不管你是穷人还是富人，地位如何，血统如何，人人平等。所以他们由此提出来了一种"世界主义"的理想。

斯多亚派是世界主义的。这个世界主义后来在西方，比如说在康德那里，被作为一种基本的原则。康德经常谈到"世界公民"这样一个概念。就人格而言，每个人其实都是世界的，不要用宗教、财产、地位等等这些外表的东西去对他们加以强行区分，这是一个非常重要的原则。在中西比较的时候，我们要经常涉及到这个问题，就是说如何理解西方人所谓的灵魂平等，包括后来基督教里面讲的灵魂在上帝面前人人平等，只有上帝跟人是不平等的，人世间所有的人，人人皆兄弟，人人都是平等的。在上帝面前你没有任何东西值得骄傲，在别人面前也没有任何东西值得你谦卑，人人都是一样的。这和伊壁鸠鲁派形成了一个很有意思的对照，一个强调个别，一个强调普遍性。一个强调个别的灵魂、个别的主体，另外一个强调灵魂的普遍性。但是总的来看，斯多亚派的这种思想层次更高、更有前途，所以它成为了基督教教义的来源之一。基督教里面讲到的人人平等的观念就是从这里来的。基督教里面讲：每个人虽然出生不同，但是他的灵魂是一样的，灵魂平等也就是人格平等，将来一切灵魂都是要汇合到上帝的圣灵里面去的。所以马克思、恩格斯他们讲斯多亚派哲学家塞涅卡是"基督教教义的叔父"，新柏拉图主义的斐洛是"基督教教义的父亲"。也就是说，新柏拉图主义和斯多亚派成了基督教教义的理论来源，这是很重要的一个思想。所以斯多亚派提出的"普遍人格"这个概念，把个别性提到普遍性上，应该说是一个提升、一个进步。这是当时两个相对立的学派。不过在当时还有第三个学派，就是怀疑派。

三、怀疑论派——否定的自我意识的哲学

第三个学派是超越这两个学派之上的,但又利用了这两个学派之间的冲突。这是我们要讲的罗马哲学的第三个学派,即否定的自我意识的哲学。它也是自我意识的哲学,但却是否定性的,那就是怀疑论派。一讲罗马,人们就会想到伊壁鸠鲁学派、斯多亚派和怀疑论派这三个学派,这在当时的罗马时代都是非常盛行的。

(一)怀疑主义之父——皮浪

怀疑论派的创始也是在希腊化时期,在罗马时代之前的马其顿亚历山大时代,它的创始人是皮浪。皮浪生活在公元前365年到公元前275年,恰好是希腊化时期,亚里士多德之后。怀疑论除了它的创始人皮浪是经典的、典型的怀疑论以外,也包括一些新柏拉图主义者,具体的名字我就不举了。总而言之,他们的主张是,不管是理性也好,还是感性也好,他们都加以怀疑。伊壁鸠鲁崇尚感性,斯多亚派崇尚理性,怀疑派认为理性和感性都值得怀疑,感性的确定性和理性的确定性都应该摆脱,人都不应该受这些确定性的诱惑和束缚,这样才能达到内心的不动心。感性知识、理性知识一概不理,这时就可以不动心了,就可以不为外面的事物所动,不为一切知识所动,这才是不动心。所以他们否认一切知识,一切知识都是值得怀疑的,但他们这种态度仍然是

一种探求知识的态度，否认知识仍然是对知识的追求。

我曾经有一篇文章讲到中西怀疑论的比较，特别指出这一点，就是它跟中国古代的怀疑论有一个很大的区别。就是说，中国的怀疑论否认一切知识，它的态度是不求知的；而古希腊、古罗马的怀疑论，它否认一切知识是恰好要对自己的这种否认、这种怀疑加以证明，要拼命地去探求、证明自己的怀疑，要使自己的这种怀疑得到证实，甚至于为了证明怀疑不惜以性命相拼。皮浪本人就是如此，据说他是很怪的一个人，有很多关于他的传说。比如说他有一次把头对着墙猛地撞过去，差一点儿撞死。别人都说撞墙会死，他就不信，幸好被他的朋友拉住了。又有一次他故意站在马车道上，远处的马车疾驶而来，他要看看自己能不能被马车轧死，也被他的同伴拉开了。还一次他乘船在海上遇到风暴，有可能沉船，所有的人都很惊慌，他就指着船舱里安静吃食的一头猪，说：哲人应该像这头猪一样不动心，对一切危险都无所谓。他死的时候是90岁，怎么死的呢？他90岁还要去参军，跟随亚历山大东征去打波斯，结果在军营里面，他不知道为什么想要刺杀一个州长，被逮住了，亚历山大把他判了死刑。他等于是自杀，试试看自己的能耐，90岁还去谋杀一个州长。所以他是一个什么都不相信的人，一个"不信邪"的人。但他这种冲动不为任何其他世俗的理由，他就是为了证明，为了追求真理。他否认一切真理，但他对于自己的这种否认要加以证明：我否认得对不对？所以这种怀疑论有种强烈的内在冲动，甚至以身试法，对追求真理有种实践的冲力。他跟老庄的"不可知"的认识论完全不一样，老庄的不可知论完全是滑头，"难得糊涂"，糊涂一些，我的生活就没什么痛苦了，就很轻松了，什么东西都是淡化处理，不要太认真嘛，中国的怀疑论就是这样的态度。而皮浪的怀疑论恰好是一种求知的执著，这样一种求知的态度又是建立在断言自己无知的判断之上的。这一派人说我们不知道任何事物，甚至于不知道我们究竟是否知道，我连自己究竟是否知道都不知道，这种不可知论已经是非常彻底的了。所以皮浪就讲，哲人"应当毫不动摇地坚持不发表任何意见"。我们讲坚持就是坚持意见，但坚持不发表任何意见，这也是一种坚持；坚持不作任何判断，这就是最高的善，因为它能够带来灵魂的安宁。

（二）恩披里柯反形式逻辑

这一派在罗马时代有一个著名代表，就是塞克斯都·恩披里柯，他是公元2世纪的人，是罗马时代的。他为这种坚持不发表意见、坚持不做任何判断提出了一系列证明，总共有五点证明。为什么我们要坚持不发表任何意见、不作任何判断呢？第一，对同一个对象我们常常有互相矛盾的观点，对这两个矛盾观点我们不能说哪个是对的哪个是错的；第二，三段论式的推理必将陷入到无穷推论、无穷追索，追求不到底，因为推理的前提总是设定的，要证明设定的前提又要引用三段论，那个三段论的前提又是未经证明的，所以将陷入无穷追索，徒劳无功；第三点，同一个判断相对于一个不同主体或者相对于不同的客体都是不同的，所以这个判断永远是相对的；第四，任何一个推论大前提总是假定的，因此是不可信的。这和第二点有些类似，不可能有任何三段论式的大前提是确定的，所以任何三段论的推理都是不可信的；最后，三段论的推理是循环论证。三段论的推理包括最清楚明白的三段论推理，比如说，第一格、第一式的例子："一切人都是要死的，苏格拉底是人，所以苏格拉底是要死的"，这样一个推理。我们当然一看就明白，这很清楚。这个推理还有什么怀疑？但是怀疑论派恰好怀疑这样一个推理，认为它实际上是循环论证。为什么？"一切人都是要死的"这是大前提，这个大前提当然是未经论证的，是我们大家的常识认可的，一切人都要死的，但它毕竟是未经论证的。"苏格拉底是人"，这个我们可以断言。但是这个结论"所以苏格拉底是要死的"其实并不能从这两个前提里面推出来。因为这个大前提是否正确反而要依赖于结论的正确。"一切人都是要死的"这是一个有待证明的前提。有待什么证明呢？就是"苏格拉底是要死的"。如果恰好苏格拉底是不死的，那么这个大前提不就被推翻了吗？正是由于这个苏格拉底也是要死的，所以大前提"一切人都是要死的"才得以维持、得以成立，否则一个反例就把你这个"一切人"的全称判断打破了。当然这个结论除了"苏格拉底是要死的"之外，还必须是"张三是要死的"、"李四是要死的"，所有你所见过的人都是要死的，这些情况维持着"一切人都是要死的"这个大前提。所以怎么可以从大前提中推出结论来呢？大前提恰好是靠各种各样的结论来维持的，如果把大前提看作是已经成立了的、一个不可怀疑的东西来推出这个结论，那岂不是循环论证吗？因为它恰好要靠各种各样的人都是要死的这样一些结论来维持，才得以成立，这样就把要证明的东西当作证明的前提了。所以三段论式，哪怕最清楚明白的第一格、第一式，都是循环论证。现代逻辑认为这是非常有道理的。

这样一种演绎推理实际上包含有循环论证。当然，换个角度来说，如果对于这个大前提不是采取严格的逻辑主义，而是把归纳引进来，那这个演绎推理就是可以成立的。演绎推理如果不把归纳引进来，也就是这个大前提如果排除了归纳，完全从演绎的辨析来看，那它就成了循环论证，那它是不成立的。所以归纳和演绎是脱离不了的，现代逻辑已经看出了这点。大前提是由另外一种逻辑、由归纳逻辑所确立起来的。把演绎引入归纳就不是循环论证了，就是一种探索，不是把已知的东西作为根据，而是把有待探讨的东西作为根据，来试一试这个探讨对不对。每一次"苏格拉底是要死的"、"柏拉图是要死的"，都证明了这个前提"一切人都是要死的"是对的，但是还是探索，并不是绝对的、必然的不可怀疑的东西。这是很深刻的。

另外恩披里柯还提出，亚里士多德认为科学就是追求原因，这一点是可疑的，因为在他看来，追求原因其实是不可能的、做不到的，任何原因、任何因果关系都是不可能的。他这样来加以证明：如果有因果关系的话，那将有三种可能的情况：一种是因和果同时存在，一种是先因后果，一种是先果后因。当然因和果同时存在，在恩披里柯看来，这不是因果关系。它们是并列的，怎么能说由因导致了果呢？并列的就不可能是因果关系，而是两个东西同时并存。"先果后因"明显是不对的，因果关系就意味着原因在前结果在后，不能倒因为果，所以先果后因也是显然荒谬的。这就排除了两种，剩下最后一种就是先因后果。恩披里柯认为先因后果也是不可能的，为什么？他说我们设想先有原因，那么当原因存在的时候结果还不存在，那么原因在结果尚未存在的时候怎么能说是原因呢？原因就是相对结果而言的，说原因的时候还没有结果，没结果怎么会有原因呢？原因怎么可能没有结果呢？所以当结果尚未存在的时候也就意味着一个原因是没有结果的，没结果就不能叫原因。然而，等到有了结果的时候，原因已经不存在了，原因不存在怎么会有结果呢？一个结果怎么会是没有原因的呢？所以结果也不可能是结果，不能叫做结果。由此可以证明因果关系在三种情况下都是不可能的。这种证明有点儿类似于爱利亚派的芝诺在对运动的反驳中所提出来的证明方式。

（三）怀疑主义导向苦恼意识

在怀疑派这里我们仍然可以看出，这里的怀疑还是一种自我意识哲学，但这种自我意识是一种否定性的自我意识。否定性的自我意识就是说，自我意识不再在它的对象上面得到确证，而是在反抗对象意识的过程中才得到确证的。前面的两种自我意识都是在对象上面得到确证，自然界是怎么样的？真理是怎么样的？真理当然是自我意识的反映。自我意识的理性、感性，然后认定有一种什么样的真理，那么自我意识就确立了。但是怀疑派恰好是通过否定所有的真理的客观存在，也就是否定一切对象意识，这样才显出它的自我意识来，通过对对象意识的一种反作用来显出自我。它也不是没有对象意识，没有对象意识就没有自我意识了。它是以否定对象意识这样一种方式来显示出自我意识、来确证自我意识的。所以对象设置起来只是为了自我要排除错误，作为一个靶子，自我意识要排除它的否定性。对象作为一个靶子，你可以把真理一个个摆在我面前，我一个个地否定它，在否定过程中就显出我的自我意识了。但是这种否定实际上是无穷无尽的，像皮浪一辈子活了90岁，试过各种各样的方式，最后仍然没有证明，最后他被处死了当然就证明他是错的了，但是他已经不知道了。所以这个否定的过程，对于人的一生来说可以说是没有尽头的，是没有希望的。

所以，怀疑论的哲学把古希腊、古罗马人导向了一种"苦恼意识"。他要证实这个世界是虚无的，但永远证实不了，拼命去证实但又证实不了，所以陷入一种苦恼意识。苦恼意识是黑格尔的用语，他在《精神现象学》里面多次提到。我们把它和中国的怀疑论相比较。中国的怀疑论，比如庄子的怀疑论是"幸福意识"。中国人如果怀疑一切，他就幸福了，一切都很满足了，不再外求了。但是西方的这种怀疑论它导致一种苦恼意识，否定此岸的一切。否定此岸的一切为什么苦恼呢？否定就否定了嘛，但是不止如此，因为他还要追求，追求彼岸，彼岸又追求不到，于是苦恼。所以在这里，怀疑派实际上是回到了柏拉图，也是前亚里士多德，回到柏拉图此岸和彼岸世界的分离。就是说，此岸世界完全被否定，然后我还要追求彼岸，哪怕以死相拼，这样就为基督教的所谓"否定神学"奠定了思想基础。基督教的"否定神学"就是否定此岸世界的一切，为上帝、彼岸、信仰留下地盘。怀疑派起了这样的作用，当然他们自己并不自觉，不知道自己起了为基督教清除地盘、开辟道路这样的作用，而只是让他们自己陷入苦恼当中，觉得这个世界不可信，要否定一切，以此来使自己安心——但是永远也安心不了。这是怀疑派。

四、新柏拉图主义——自我意识的异化

最后我们还想谈一谈第四种流派，即自我意识的异化。前面

三种都是自我意识；个别自我意识、普遍自我意识以及否定的自我意识，那么最后这个否定导致自我意识的异化。自我意识的异化可以说是自我意识的否定。否定是要追求彼岸，现在彼岸已经摆在面前了。那么一旦摆在面前，它就是自我意识的异化，就是居高临下的、凌驾于自我意识之上的一个上帝的世界。上帝就是自我意识的异化，上帝是人的自我意识产物，但是一旦产生出来，它就凌驾于自我意识之上，取消和否定了自我意识。否定的自我意识导致了自我意识本身的否定，这就是新柏拉图主义。

（一）斐洛的否定神学

新柏拉图主义是基督教教义之父，它的重要代表是斐洛。斐洛是大约公元前30年到公元40年间的人，也是罗马时代的人，他为基督教的教义奠定了最初的基石。斐洛是犹太人，信犹太教，他把新柏拉图主义的一些原理、命题和《旧约》结合在一起加以解释，当然这个结果在最初是非常粗糙的。《旧约》里面讲的天使就是柏拉图所讲的理念，《旧约》里讲的上帝耶和华就是柏拉图所讲的造物主，《旧约》里讲的什么就相当于柏拉图的"逻各斯"等等，他作这样的比附。但是重要的一点就是他正式提出了"否定神学"。我们刚才谈的怀疑派已经有"否定神学"的倾向，新柏拉图主义里面也有一些"否定神学"的因素。就是说，上帝你只能说他不是什么，而不能说他是什么，这就是"否定神学"，只能对上帝作否定性的判断，而不能作肯定性判断。人所想到的东西都是此岸世界的，所以对上帝来说都是否定性的，彼岸世界的东西你不知道，你只能信仰。

那么新柏拉图主义包括它的重要代表斐洛就是强调"否定神学",上帝是不可言说的,上帝不能用人的理解来比附。当然他也要比附,他将柏拉图的一些术语和《旧约》相结合起来。他认为"逻各斯"创造世界,上帝说有光,于是就有了光,上帝的"道"创造世界。《新约》里也明确讲上帝的话(上帝的"道")创造世界,"太初有道(逻各斯)",这是《新约》里讲的。这是受到了新柏拉图主义的影响,《约翰福音》里面受了很多、很浓厚的希腊哲学思想的影响,后来才提出来的。例如柏拉图的"理性的迷狂",斐洛认为它就是犹太教《旧约》里面的启示,柏拉图讲的"分离"那就是此岸世界和彼岸世界的分离,人世和来世的分离,柏拉图已经讲了两个世界的分离。斐洛在这方面开了比附解释的先河,那么后来的新柏拉图主义很多都是朝这个方向来解释的,有的不是犹太主义,也不是基督教徒,但是他们的学说为基督教教义提供了理论上的基础。

(二)普罗提诺的"流溢说"

另外的一个重要人物是普罗提诺,又翻译成柏罗丁,生活于公元204年到公元270年。他把斐洛的这种新柏拉图主义的神学化的解释进一步地精密化了。斐洛的解释是非常粗俗的,属于早期的一种通俗解释,但他对犹太教和基督教都有很大的影响。普罗提诺将它更加理论化了,并且用希腊的一些术语加以解释,他提出了所谓的"流溢说"。他认为,实际的这个世界都是由"太一"流溢出来的,"太一"就是神。之所以叫"太一",是因为我们没有任何术语来描述它了。我们只能说它是"一",甚至不能说它是"存在",存在都是由"太一"派生出来的,我们只能说"一"、一神论。基督教是一神论,犹太教也是一神论。普罗提诺既不是基督徒,也不是犹太教徒,但是他也相信柏拉图的神,即理性神。这种理性神经过他的改造,认为只能说它是"太一",而不能说它是任何东西。"流溢"(emanation)是指"太一"无所不包,太完满了,于是就溢出来了,就像一杯水加满就流出来了,太阳必须发出它的光辉,因为太阳的热度太高了,不发出热量就不行。

"太一"(神)也是如此,太充实、完满,所以就流溢出来了,首先流溢出来的是努斯。这个努斯是亚里士多德所讲的纯形式、纯精神,没有质料,它既是存在又是思维,是思维与存在的统一。从努斯里面又流溢出理念,就是柏拉图所讲的理念世界,对思想的思想。从这些理念里面又流溢出灵魂,这个灵魂不是努斯,而是psyche,心理学"psychology"就是从这个词来的。psyche和努斯都是灵魂的含义,但是层次要低一些,除了纯形式、纯思想、纯理性之外,还有心理的意思。心理学就包含情感、意志,当然也包含理性,这就是psyche的含义,就更加具体一些了,具有了质料,而不是纯形式了。努斯是纯形式,psyche我们翻译成"心智",其中包含有一定的质料。从这个psyche里面又流溢出人的灵魂,人的灵魂是第二灵魂、第二努斯,跟努斯相比是低一层次的,因为人的灵魂要受到肉体的束缚,层次就更低了。从人的灵魂中再流溢出质料,包括肉体、外物、感性事物,这些质料当然也有形式,但是处于不断下降的过程中,从高层次的质料越来越下降到低层次的质料,越来越没有形式,成为纯质料。真正到了纯质料,没有了形式,那就是无、黑暗,就是什么都没有。亚里士多德讲的无形式的质料就等于虚无,普罗提诺也是这样认为的,最后沉入了黑暗。

这是一个很悲观的流溢过程，最开始的时候还没有显露出来，流溢出努斯、理念、灵魂，有了人的灵魂，但灵魂又耽于享乐、沉迷于肉体、物质，一旦沉溺下去，下场就是虚无、恶（绝对的恶、绝对的虚无）。所以整个世界、整个宇宙是一个堕落的过程，普罗提诺认为就是普遍堕落的过程，从光明堕落为黑暗。那么人堕落了，是不是能得救呢？他认为可以得救，因为人的灵魂毕竟是来自于"太一"、努斯、上帝，所以可以通过一种"（柏拉图的）回忆"，"（对上帝的）爱"和"出神"的状态（迷狂），回到上帝的怀抱。所以人的灵魂不是注定了产生堕落，而是在堕落的过程中反其道而行之，逆水行舟，追索它的来源，回忆它的根本，这样最后可以得到上帝的拯救。但这个过程是很难的，一般的人都是趋向于堕落，当时的罗马时代也是一个堕落的时代。普罗提诺和他的弟子们致力于使人的灵魂得救，这是很难做到的，因为你要达到那种出神的状态、迷狂的状态，要做很多的铺垫和准备。据说普罗提诺自己一辈子也只有六次达到过那种状态，他通过苦修苦练、出神、静观，最后突然窥见了理念世界。

普罗提诺的这种学说是当时罗马精神的反映，说明当时的人渴望得救。当时的罗马是一个堕落的世界，特别是灵魂上的堕落。物质享乐当然是很高了，因为罗马帝国大一统，是当时唯一的超级大国，到处掠夺来的金银财宝多得不得了，所以罗马人享受是非常奢侈的，但是灵魂堕落，没有希望。基督教就是在这种场合下产生出来的，它在当时的时代精神里面有它很深的土壤。这就是新柏拉图主义通往基督教的这样的一个过程，当然具体说来基督教思想究竟是怎么产生的，这已经超出我们今天所谈的话题了。

图书在版编目（CIP）数据

古希腊罗马哲学讲演录 / 邓晓芒著 . -- 北京：北京联合出版公司，2016.3
ISBN 978-7-5502-5122-9

Ⅰ.①古… Ⅱ.①邓… Ⅲ.①古希腊罗马哲学—文集 Ⅳ.① B502-53

中国版本图书馆 CIP 数据核字（2015）第 082664 号

Simplified Chinese edition
Copyright © 2016 POST WAVE PUBLISHING CONSULTING (Beijing) Co., Ltd.
本书中文简体版权归属于后浪出版咨询(北京)有限责任公司

古希腊罗马哲学讲演录

著　　者：邓晓芒
选题策划：后浪出版公司
出版统筹：吴兴元
特约编辑：陆　炎
责任编辑：刘　凯
封面设计：周伟伟
营销推广：ONEBOOK
装帧制造：墨白空间

北京联合出版公司出版
（北京市西城区德外大街83号楼9层　100088）
北京盛通印刷股份有限公司印刷　新华书店经销
字数140千字　690毫米×960毫米　1/16　13印张　插页6
2016年3月第1版　2016年3月第1次印刷
ISBN 978-7-5502-5122-9
定价：36.00元

后浪出版咨询(北京)有限责任公司 常年法律顾问：北京大成律师事务所　周天晖 copyright@hinabook.com
未经许可，不得以任何方式复制或抄袭本书部分或全部内容
版权所有，侵权必究
本书若有质量问题，请与本公司图书销售中心联系调换。电话：010-64010019